AS PEQUENAS VIRTUDES

NATALIA GINZBURG

As pequenas virtudes

Tradução
Maurício Santana Dias

6ª reimpressão

COMPANHIA DAS LETRAS

Copyright © 1962, 1998 by Giulio Einaudi editore s.p.a., Turim.
Primeira edição "Saggi", 1962

Grafia atualizada segundo o Acordo Ortográfico da Língua Portuguesa de 1990, que entrou em vigor no Brasil em 2009.

Título original
Le piccole virtú

Capa
Raul Loureiro

Foto de capa
Louise Bourgeois, *Sem título* (detalhe), 2005.
© A Fundação Easton/ AUTVIS, 2019

Revisão
Valquíria Della Pozza
Angela das Neves

Dados Internacionais de Catalogação na Publicação (CIP)
(Câmara Brasileira do Livro, SP, Brasil)

Ginzburg, Natalia
    As pequenas virtudes / Natalia Ginzburg ; Tradução Maurício Santana Dias — 1ª ed. — São Paulo : Companhia das Letras, 2020.

    Título original: Le piccole virtú.
    ISBN 978-85-359-3297-3

    1. Ensaios italianos I. Garboli, Cesare. II. Título.

19-30629   CDD-854

Índice para catálogo sistemático:
1. Ensaios : Literatura italiana 854

Cibele Maria Dias — Bibliotecária — CRB-8/9427

Todos os direitos desta edição reservados à
EDITORA SCHWARCZ S.A.
Rua Bandeira Paulista, 702, cj. 32
04532-002 — São Paulo — SP
Telefone: (11) 3707-3500
www.companhiadasletras.com.br
www.blogdacompanhia.com.br
facebook.com/companhiadasletras
instagram.com/companhiadasletras
twitter.com/cialetras

Sumário

Advertência, 7

PRIMEIRA PARTE
Inverno em Abruzzo, 13
Os sapatos rotos, 19
Retrato de um amigo, 23
Elogio e lamento da Inglaterra, 32
La Maison Volpé, 41
Ele e eu, 48

SEGUNDA PARTE
O filho do homem, 63
O meu ofício, 67
Silêncio, 83
As relações humanas, 88
As pequenas virtudes, 110

Advertência

Os ensaios aqui reunidos saíram em vários jornais e revistas. Agradeço aos jornais e às revistas que me permitiram republicá-los.

Eles foram escritos nos seguintes anos e lugares:

"Inverno em Abruzzo", escrito em Roma, no outono de 1944, e publicado em *Aretusa*.

"Os sapatos rotos", escrito em Roma, no outono de 1945, e publicado no *Politecnico*.

"Retrato de um amigo", escrito em Roma, em 1957, e lançado no *Radiocorriere*.

"Elogio e lamento da Inglaterra", escrito em Londres, na primavera de 1961, e publicado no *Mondo*.

"La Maison Volpé", escrito em Londres, na primavera de 1960, e publicado no *Mondo*.

"Ele e eu", escrito em Roma, no verão de 1962, e, pelo que sei, ainda inédito.

"O filho do homem", escrito em Turim, em 1946, e publicado no *Unità*.

"O meu ofício", escrito em Turim, no outono de 1949, e publicado no *Ponte*.

"Silêncio", escrito em Turim, em 1951, e publicado em *Cultura e Realtà*.

"As relações humanas", escrito em Roma, na primavera de 1953, e publicado no *Terza Generazione*.

"As pequenas virtudes", escrito em Londres, na primavera de 1960, e publicado em *Nuovi Argomenti*.

As datas são importantes e indicativas, porque explicam as mudanças de estilo. Não acrescentei correções a quase nenhum destes textos, já que sou incapaz de corrigir um texto meu, exceto no exato momento em que o escrevo. Passado um tempo, não sei mais corrigir. Assim este livro talvez não tenha muita uniformidade de estilo, e por isso peço desculpas.

Dedico o livro a um amigo meu, cujo nome não vou revelar. Ele não está presente em nenhum destes escritos e, no entanto, foi meu interlocutor secreto em grande parte deles. Eu não teria escrito muitos destes ensaios caso não tivesse conversado várias vezes com ele, que deu legitimidade e liberdade de expressão a certas coisas que eu tinha pensado.

Deixo-lhe aqui o meu afeto e o testemunho de minha grande amizade, passada, como toda verdadeira amizade, através do fogo das mais violentas discórdias.

Roma, outubro de 1962.

Não creio que tenha muito a acrescentar ao que já disse sobre esta coletânea de textos quando ela saiu, em 1962.

Quanto a "Inverno em Abruzzo", talvez seja preciso explicar a frase "aquilo era um exílio": no Abruzzo estávamos confinados, ou melhor, éramos "internos civis de guerra"; o povoado ficava nas vizinhanças da cidade de Aquila, e talvez por isso houvesse uma águia pintada no teto de um cômodo de nossa casa. Ficamos três anos naquele vilarejo. Desde então, pelo que me dizem, o lugar mudou muito; tornou-se um centro turístico, um lugar de férias; não o revi nessa nova forma, nem desejo revê-lo; embora entenda o quanto é bom que tenha mudado, que tenham sido construídos hotéis e restaurantes lá. Na época havia uma só pousada, a pousada Vittoria: eram três quartos ao todo; e os proprietários, uma mãe viúva com três filhos, eram daquelas pessoas mais queridas, humanas e hospitaleiras que se possam encontrar. Mas, pelo que sei, eles foram embora de lá para viver em outro lugar, e a pousada Vittoria, com a cozinha onde se ficava no inverno e o terraço onde se ficava no verão, não existe mais.

De resto, muitos dos lugares sobre os quais se fala neste livro se transformaram; em "Retrato de um amigo", a cidade mencionada é certamente irreconhecível.

Roma, outubro de 1983.

PRIMEIRA PARTE

Inverno em Abruzzo

Deus nobis haec otia fecit.*

Em Abruzzo só há duas estações: o verão e o inverno. A primavera é coberta de neve e cheia de ventos como o inverno, e o outono é quente e límpido como o verão. O verão começa em junho e termina em novembro. Os longos dias ensolarados sobre as colinas baixas e queimadas, a poeira amarela da estrada e a disenteria das crianças terminam, e o inverno começa. Então as pessoas deixam as ruas: os meninos descalços somem das escadarias da igreja. Na cidade de que estou falando, quase todos os homens desapareciam depois das últimas colheitas: iam trabalhar em Terni, em Sulmona, em Roma. A cidade era um vilarejo de pedreiros: e algumas casas eram construídas com graça, tinham terraços e coluninhas como pequenas mansões, e causava espanto encontrar, na entrada, grandes cozinhas escuras com presuntos pendurados e amplos cômodos esquálidos e vazios. Nas

---

* "Deus nos concedeu este descanso", palavras com que Virgílio agradece a Augusto nas *Éclogas*, usadas quase sempre de modo satírico. [Todas as notas são do tradutor.]

cozinhas, o fogareiro ficava aceso e havia vários tipos de fogo, havia grandes fogos feitos com toras de carvalho, fogos de galhos e folhas, fogos de gravetos recolhidos um a um pelas ruas. Era mais fácil identificar os pobres e os ricos olhando o fogareiro aceso do que observando as casas e as pessoas, as roupas e os sapatos, que eram mais ou menos iguais para todos.

Quando cheguei a essa cidade, nos primeiros tempos, todos os rostos me pareciam iguais, todas as mulheres se assemelhavam, ricas e pobres, jovens e velhas. Quase todas tinham a boca desdentada: ali as mulheres perdem os dentes aos trinta anos, por cansaço ou má alimentação, pelos maus-tratos dos parceiros e dos aleitamentos que se sucedem sem trégua. Mas depois, pouco a pouco, comecei a distinguir Vincenzina de Secondina, Annunziata de Addolorata, e comecei a entrar em cada casa e a me esquentar naqueles diversos fogareiros.

Quando a primeira neve começava a cair, uma lenta tristeza se apossava de nós. Aquilo era um exílio: nossa cidade estava longe, e longe estavam nossos livros, os amigos, as várias e cambiantes vicissitudes de uma verdadeira existência. Acendíamos nossa estufa verde, com o longo tubo que atravessava o teto: nos reuníamos todos na sala onde ficava a estufa, e ali se cozinhava e comia, meu marido escrevia na grande mesa oval, os meninos espalhavam os brinquedos no pavimento. No teto da sala havia uma águia pintada: e eu olhava a águia e pensava que aquilo era o exílio. O exílio era a águia, era a estufa verde que chiava, era o vasto e silencioso campo e a neve imóvel. Às cinco os sinos da igreja de Santa Maria tocavam, e as mulheres iam receber a bênção com seus xales pretos e os rostos vermelhos. Todas as tardes meu marido e eu dávamos um passeio: todas as tardes caminhávamos de braços dados, afundando os pés na neve. As casas que margeavam a rua eram habitadas por gente conhecida e amiga, e todos vinham à porta e nos diziam: "Muita saúde e paz". Alguém às vezes perguntava: "Mas quando vão voltar para casa?". E meu marido dizia: "Quando terminar a guerra". "E quando essa guerra acaba? Você, que sabe tudo e é um professor, quando vai acabar?" Chamavam meu marido de "o professor", já que não sabiam pronunciar seu nome, e vinham de longe para consultá-lo sobre as coisas mais variadas, sobre a melhor estação do ano para arrancar os dentes, sobre os subsídios que a prefeitura dava e sobre as taxas e os impostos.

No inverno alguns velhos partiam por causa de uma pneumonia, os sinos de Santa Maria dobravam, e Domenico Orecchia, o marceneiro, fabricava o caixão. Uma mulher enlouqueceu, a levaram ao manicômio de Collemaggio e a cidade falou disso por um bocado de tempo. Era uma mulher jovem e asseada, a mais asseada de toda a cidade: disseram que tinha ficado assim por excesso de asseio. Gigetto di Calcedonio teve duas gêmeas, além dos dois gêmeos que já tinha em casa, e fez um escarcéu na prefeitura porque lhe negavam o subsídio, visto que possuía muitos lotes de terra e uma horta maior que a cidade. Quanto a Rosa, a bedel da escola, uma vizinha lhe cuspiu no olho e ela circulava com esse olho enfaixado, para que lhe pagassem uma indenização. "O olho é delicado, o cuspe é salgado", explicava. E sobre isso também se falou um bocado, até que não houve mais nada a dizer.

A saudade aumentava dia a dia em nós. Certas vezes era até prazerosa, como uma companhia terna e levemente inebriante. Chegavam cartas da nossa cidade com notícias de casamentos e de mortes dos quais éramos excluídos. Às vezes a saudade era aguda e amarga, e se tornava ódio: então odiávamos Domenico Orecchia, Gigetto di Calcedonio, Annunziatina, os sinos de Santa Maria. Mas era um ódio que mantínhamos oculto, reconhecendo que era injusto: e nossa casa estava sempre cheia de gente, que vinha tanto para pedir favores quanto para oferecê-los. Às vezes a costureirinha vinha preparar *sagnoccole*. Metia um pano na cintura, batia os ovos e mandava Crocetta circular pela cidade em busca de um caldeirão emprestado, mas daqueles bem grandes. Seu rosto vermelho ficava absorto e os olhos resplandeciam numa vontade imperiosa. Teria incendiado a casa para que suas *sagnoccole* ficassem boas. O vestido e os cabelos se cobriam de farinha branca, e sobre a mesa oval onde meu marido escrevia eram colocadas as *sagnoccole*.

Crocetta era nossa empregada. Ainda nem era uma mulher, porque tinha apenas catorze anos. Foi a costureira que a encontrou para nós. A costureira dividia o mundo em dois times: os que se penteiam e os que não se penteiam. Dos que não se penteiam era preciso manter distância, porque naturalmente tinham piolhos. Crocetta se penteava: por isso veio trabalhar para nós, e contava aos meninos longas histórias de mortos e cemitérios. Era uma vez um menino que perdeu a mãe. Seu pai arranjou outra mulher, e a madrasta não gostava do menino. Por isso o matou enquanto o pai estava no campo e com ele fez um ensopado. O pai volta para casa e come, mas, depois de comer, os ossos que ficaram no prato se puseram a cantar:

> E la mia trista matrea
> Mi ci ha cotto in caldarea
> E mio padre ghiottò
> Mi ci ha fatto 'nu bravo boccò.*

Aí o pai mata a mulher com uma foice e a pendura num prego diante da porta. Às vezes me pego murmurando as palavras dessa canção, e então toda a cidade ressurge diante de mim, e

---

* Cantiga em dialeto. Tradução livre: "Minha madrasta malvada/ Cozinhou-me num caldeirão/ E meu pai glutão/ Devorou-me numa grande garfada".

com ela o sabor específico daquelas estações, com o sopro gelado do vento e o repicar dos sinos.

Toda manhã eu saía com meus meninos, e o pessoal se espantava e desaprovava que eu os expusesse ao frio e à neve. "Que mal fizeram essas criaturas?", diziam. "Não é tempo de passear, senhora. Volte para casa." Caminhávamos longamente pelos campos brancos e desertos, e as raras pessoas que eu encontrava olhavam os meninos com piedade. "Mas que pecado eles cometeram?", me diziam. Lá, quando nasce uma criança no inverno, não a levam para fora do quarto até que chegue o próximo verão. Ao meio-dia meu marido vinha me encontrar com a correspondência, e voltávamos todos juntos para casa.

Eu falava aos meninos da nossa cidade. Eram muito pequenos quando a deixamos, não tinham nenhuma lembrança dela. Eu lhes dizia que lá as casas tinham muitos andares, havia muitas casas e muitas ruas e uma porção de lojas lindas. "Mas aqui também tem Girò", diziam os meninos.

A venda de Girò ficava bem em frente à nossa casa. Girò se postava na porta feito uma velha coruja, seus olhos redondos e indiferentes fixos na rua. Vendia um pouco de tudo: gêneros alimentícios e velas, cartões, sapatos e laranjas. Quando a mercadoria chegava e Girò descarregava as caixas, os meninos corriam para comer as laranjas podres que ele jogava fora. No Natal chegavam também os torrones, os licores, as balas. Mas ele não abaixava um centavo do preço. "Como você é mau, Girò", lhe diziam as mulheres. E ele respondia: "Quem é bom vira comida de cachorro". No Natal os homens voltavam de Terni, de Sulmona, de Roma, ficavam uns dias e tornavam a partir, depois de terem abatido os porcos. Por alguns dias só se comia torresmo ou linguiça e só se fazia beber: depois os berros dos leitõezinhos novos enchiam as estradas.

Em fevereiro o ar se tornava úmido e macio. Nuvens cinzentas e carregadas vagavam pelo céu. Houve um ano em que, durante o degelo, as calhas se romperam. Então começou a chover dentro de casa, e os quartos eram verdadeiros pântanos. Mas foi assim em todo o vilarejo: nem uma só casa ficou seca. As mulheres esvaziavam os baldes pelas janelas e varriam a água das portas. Teve gente que foi para a cama de guarda-chuva. Domenico Orecchia dizia que era o castigo por algum pecado. Isso durou mais de uma semana; depois, finalmente toda a neve desapareceu dos telhados e Aristide consertou as calhas.

O fim do inverno despertava em nós uma inquietude. Talvez alguém viesse nos visitar: talvez finalmente acontecesse alguma coisa. Nosso exílio afinal devia ter um fim. Os caminhos que nos separavam do mundo pareciam mais curtos: a correspondência chegava com mais frequência. Todas as nossas frieiras melhoravam lentamente.

Há certa uniformidade monótona nos destinos dos homens. Nossa existência se desenvolve segundo leis antigas e imutáveis, segundo uma cadência própria, uniforme e antiga. Os sonhos nunca se realizam, e assim que os vemos em frangalhos compreendemos subitamente que as alegrias maiores de nossa vida estão fora da realidade. Assim que os vemos em pedaços, nos consumimos de saudade pelo tempo em que ferviam em nós. Nossa sorte transcorre nessa alternância de esperanças e nostalgias.

Meu marido morreu em Roma, nas prisões de Regina Coeli, poucos meses depois de termos deixado o vilarejo. Diante do horror de sua morte solitária, diante das angustiantes vacilações que a antecederam, eu me pergunto se isso aconteceu a nós, a nós, que comprávamos as laranjas de Girò e íamos passear na neve. Na época eu tinha fé num futuro fácil e feliz, rico de desejos satisfeitos, de experiências e de conquistas em comum. Mas aquele era o tempo melhor da minha vida, e só agora, que me escapou para sempre, só agora eu sei.

Os sapatos rotos

Tenho os sapatos rotos, e a amiga com quem vivo neste momento também tem os sapatos rotos. Quando estamos juntas, falamos sempre de sapatos. Se lhe falo do tempo em que serei uma escritora velha e famosa, ela logo me pergunta: "Com que sapatos?". Então lhe digo que terei sapatos de camurça verde, com uma grande fivela de ouro ao lado.

Pertenço a uma família em que todos têm sapatos sólidos e saudáveis. Aliás, minha mãe teve até de fazer um armarinho só para guardar os sapatos, de tantos pares que tinha. Quando volto para casa, soltam altos gritos de dor e indignação ao verem meus sapatos. Mas sei que também se pode viver com sapatos rotos. No período alemão eu estava sozinha aqui, em Roma, e tinha apenas um par de sapatos. Se fosse levá-los ao sapateiro, teria de passar dois ou três dias na cama, e isso não era possível. Assim continuei a usá-los, e para piorar chovia, sentia que eles se desfaziam lentamente, moles e informes, e sentia o frio do piso sob a planta dos pés. É por isso que ainda hoje uso sempre sapatos rotos, porque me lembro daqueles, e então estes não me parecem tão ruins em comparação, e se tenho dinheiro prefiro gastá-lo com outras coisas, porque os sapatos já não me parecem algo de muito essencial. Fui mimada pela vida de antes, sempre cercada de um afeto terno e atento, mas naquele ano aqui, em Roma, estive sozinha pela primeira vez, e por isso gosto tanto de Roma, apesar de carregada de história para mim, carregada de lembranças angustiantes, poucas horas alegres. Também minha amiga tem os sapatos rotos, e por isso estamos bem juntas. Minha amiga não tem ninguém que a reprove pelos sapatos que usa, tem apenas um irmão que vive no campo e circula com botas de caçador. Ela e eu sabemos o que ocorre quando chove, e as pernas estão nuas e molhadas, e nos sapatos entra água, e então há aquele pequeno rumor a cada passo, aquela espécie de chapinhar.

Minha amiga tem um rosto pálido e másculo, e fuma numa piteira preta. Quando a vi pela primeira vez, sentada a uma mesa, óculos com armação de tartaruga e rosto misterioso e altivo, com a piteira preta entre os dentes, pensei que parecia um general chinês. Na época eu não sabia que ela usava sapatos rotos. Soube mais tarde.

A gente se conheceu poucos meses atrás, mas é como se fosse há anos. Minha amiga não tem filhos; já eu tenho filhos, e para ela isso é estranho. Ela nunca os viu senão em fotografias, porque eles estão no interior com minha mãe, e isso para nós também é estranhíssimo, ou seja, que ela nunca tenha visto meus filhos. Em certo sentido, ela não tem problemas e pode ceder à tentação de jogar a própria vida aos cães; eu, ao contrário, não posso fazer isso. Meus filhos estão morando com minha mãe, e por enquanto não têm sapatos rotos. Mas como será quando crescerem? Quero dizer: que sapatos terão na idade adulta? Que caminhos escolherão para seus passos? Preferirão excluir de seus desejos tudo o que é agradável, mas não necessário, ou dirão que tudo é necessário e que um homem tem o direito de ter nos pés sapatos sólidos e sadios?

Eu e minha amiga conversamos longamente sobre isso e também sobre como vai ser o mundo quando eu for uma velha escritora famosa e ela estiver girando o mundo com uma mochila nas costas, como um velho general chinês, e meus filhos seguirem seu caminho com sapatos sadios e sólidos nos pés e o passo firme de quem não renuncia, ou com sapatos rotos e o passo frouxo e indolente de quem sabe o que não é necessário.

Às vezes combinamos casamentos entre meus filhos e os filhos do irmão dela, aquele que vagueia pelos campos com botas de caçador. Discorremos assim até noite alta, bebendo chá preto e amargo. Temos um colchão e uma cama, e toda noite tiramos no par ou ímpar quem de nós duas deve dormir na cama. De manhã, quando levantamos, nossos sapatos rotos nos esperam no tapete.

Minha amiga às vezes diz que está cheia de trabalhar e queria jogar a vida aos cães. Queria se fechar num boteco e beber todas as suas economias, ou então enfiar-se na cama e não pensar em mais nada, deixar que venham cortar a luz e o gás, deixar que tudo vá à deriva bem devagar. Diz que vai fazer isso quando eu for embora. Porque nossa vida em comum durará pouco, em breve vou partir e voltar para minha mãe e meus filhos, para uma casa onde não me será permitido andar de sapatos rotos. Minha mãe tomará conta de mim, me impedirá de usar alfinetes em vez de botões, de escrever até altas horas. E eu por minha vez tomarei conta de meus filhos, vencendo a tentação de jogar a vida aos cães. Voltarei a ser séria e maternal, como sempre acontece quando estou com eles, uma pessoa diferente de agora, uma pessoa que minha amiga desconhece inteiramente.

Vou olhar o relógio e controlar o tempo, vigilante e atenta a cada coisa, e cuidarei que meus filhos tenham os pés sempre enxutos e aquecidos, porque sei que é assim que deve ser sempre que possível, pelo menos na infância. Aliás, para aprender mais tarde a caminhar com sapatos rotos, talvez seja bom ter os pés enxutos e aquecidos quando se é criança.

Retrato de um amigo

A cidade que era amada por nosso amigo continua a mesma; há algumas mudanças, mas coisa pouca: puseram uns trólebus, fizeram umas passagens subterrâneas. Não há cinemas novos. Os antigos são sempre os mesmos, com os velhos nomes: nomes que, quando os repetimos, despertam em nós a juventude e a infância. Agora moramos em outro lugar, numa cidade bem diferente e maior: e, se nos encontramos e falamos de nossa cidade, falamos sem nos queixarmos de tê-la deixado e dizemos que agora já não poderíamos viver lá. No entanto, quando voltamos para lá, basta atravessar o átrio da estação e caminhar na neblina das avenidas para nos sentirmos em casa; e a tristeza que a cidade nos inspira toda vez que regressamos a ela está nesse sentir-se em casa e sentirmos ao mesmo tempo que nós, em nossa casa, não temos mais motivo para estar; porque aqui, em nossa casa, em nossa cidade, na cidade onde passamos a juventude, permanecem agora poucas coisas vivas, e somos acolhidos por uma massa de memórias e de sombras.

De resto, nossa cidade é melancólica por natureza. Nas manhãs de inverno, ela tem um cheiro peculiar de estação e fuligem, difuso em todas as ruas e alamedas; chegando de manhã, a encontramos cinzenta de névoa e envolvida nesse seu cheiro. De vez em quando se infiltra através da neblina um sol fraco, que tinge de rosa e lilás os amontoados de neve, os galhos nus das árvores; nas ruas e avenidas a neve foi varrida e concentrada em pequenos montinhos, mas os jardins públicos ainda estão enterrados sob uma grossa camada intacta e macia, da altura de um dedo, sobre os bancos abandonados e nas margens dos chafarizes; o relógio do campo de hipismo está parado há tempos imemoriais, marcando quinze para as onze. Para lá do rio se ergue a colina, igualmente branca de neve, mas manchada aqui e ali por uns arbustos avermelhados; e no cume da colina campeia uma construção de cor laranja e forma circular, que noutros tempos foi a Ópera Nacional Balilla. Se há um pouco de sol e a cúpula de vidro do Salão do Automóvel resplandece, e o rio escorre com uma cintilação verde sob as grandes pontes de pedra, a cidade pode até parecer, por um instante, sorridente e hospitaleira: mas é uma impressão fugaz. A natureza essencial da cidade é a melancolia: o rio, perdendo-se na distância, evapora num horizonte de névoas violáceas que faz pensar no pôr do sol, ainda que seja meio-dia; e em toda parte se respira aquele mesmo cheiro abafado e laborioso de fuligem e se escuta um apito de trem.

Nossa cidade se parece — só agora nos damos conta disso — com o amigo que perdemos e que a amava; ela é, assim como ele era, intratável em sua operosidade febril e obstinada; e é ao mesmo tempo desinteressada e disposta ao ócio e ao sonho. Na cidade que se parece com ele, sentimos nosso amigo reviver por todos os lados: em cada esquina e em cada canto achamos que de repente possa aparecer sua alta figura de capote escuro cintado, o rosto escondido na gola, o chapéu enterrado nos olhos. O amigo media a cidade com seu longo passo, obstinado e solitário; se entocava nos cafés mais apartados e fumarentos, livrava-se rapidamente do capote e do chapéu, mas mantinha jogada ao pescoço sua feia echarpe clara; retorcia entre os dedos os longos cachos de cabelos castanhos e então se despenteava de repente com um movimento fulminante. Enchia folhas e folhas com sua caligrafia larga e rápida, cortando com fúria; e celebrava a cidade em seus versos:

> *Questo è il giorno che salgono le nebbie dal fiume*
> *Nella bella città, in mezzo a prati e colline,*
> *E la sfumano come un ricordo...**

Seus versos ressoam em nossos ouvidos quando retornamos à cidade ou quando pensamos nela; e já nem sabemos se são versos belos, de tanto que fazem parte de nós, a tal ponto refletem para nós a imagem de nossa juventude, dos dias já remotíssimos em que os escutávamos de viva voz por nosso amigo, pela primeira vez: e descobrimos, com profundo espanto, que até de nossa cinzenta, pesada e apoética cidade se podia fazer poesia.

Nosso amigo vivia na cidade como um adolescente: e até o final viveu assim. Seus dias eram longuíssimos, como os dos adolescentes, e cheios de tempo; sabia achar espaço para estudar e escrever, para ganhar a vida e vadiar nas ruas que adorava; e nós, que resfolegávamos divididos entre preguiça e produtividade, perdíamos horas na incerteza de decidirmos se éramos preguiço-

---

* A autora cita este trecho do poema "Paisagem VI", de Cesare Pavese, com ligeiras diferenças em relação ao original: "*Quest'è il giorno che salgono le nebbie dal fiume/ nella bella città, in mezzo a prati e colline,/ e la sfumano come un ricordo*". Na tradução de Maurício Santana Dias (*Trabalhar cansa*. São Paulo: Cosac Naify; Rio de Janeiro: 7Letras, 2009, p. 323): "Este é o dia em que sobe a neblina do rio/ nessa bela cidade, entre prados, colinas,/ embaçando-a como uma lembrança".

sos ou produtivos. Não quis, por muitos anos, submeter-se a um horário no escritório, aceitar uma profissão definida; mas, quando concordou em sentar a uma mesa de escritório, se tornou um funcionário meticuloso e um trabalhador incansável: mesmo reservando-se uma margem ampla de ócio, fazia suas refeições rapidíssimo, comia pouco e não dormia nunca.

Às vezes ficava muito triste: mas por muito tempo pensamos que se curaria daquela tristeza quando decidisse tornar-se adulto, porque sua tristeza nos parecia meio juvenil, como a melancolia voluptuosa e distraída do rapaz que ainda não tocou a terra e se move no mundo árido e solitário dos sonhos. De vez em quando, à noite, vinha nos encontrar; sentava-se pálido, com sua pequena echarpe ao pescoço, e retorcia os cabelos ou amassava uma folha de papel; não pronunciava uma só palavra durante toda a noite; não respondia a nenhuma das nossas perguntas. Finalmente, num impulso, agarrava o capote e ia embora. Humilhados, nos perguntávamos se nossa companhia o havia decepcionado, se tentara tranquilizar-se ao nosso lado e não conseguira; ou se simplesmente se propusera passar uma noite em silêncio sob uma lâmpada que não fosse a sua.

De qualquer modo, conversar com ele nunca foi fácil, nem quando se mostrava alegre: mas um encontro com ele, mesmo se feito de poucas palavras, podia ser tônico e estimulante como nenhum outro. Na companhia dele, nos tornávamos muito mais inteligentes; nos sentíamos impelidos a pôr em nossas palavras o que tínhamos de melhor e de mais sério em nós; dispensávamos os lugares-comuns, os pensamentos imprecisos, as incoerências.

Ao lado dele, frequentemente nos sentíamos humilhados: porque não sabíamos ser sóbrios como ele, nem como ele modestos, nem como ele generosos e desinteressados. Tratava a nós, seus amigos, com maneiras ásperas, e não perdoava nenhum dos nossos defeitos; porém, se estivéssemos sofrendo ou adoentados, se mostrava de repente solícito como uma mãe. Por princípio, recusava-se a conhecer gente nova; mas podia ocorrer que de repente, com uma pessoa inesperada e nunca vista antes, uma pessoa às vezes vagamente desprezível, ele se mostrasse expansivo e afetuoso, pródigo de sugestões e de projetos. Se lhe fazíamos notar que aquela pessoa era, em muitos aspectos, antipática ou desprezível, ele dizia que estava plenamente consciente disso, porque ele gostava de saber sempre tudo e nunca nos dava a satisfação de lhe contar algo novo; mas por que motivo ele se comportava de modo tão íntimo com aquela pessoa, e negava sua cordialidade a gente mais merecedora, isso ele não explicava, e nunca o soubemos. Às vezes se tomava de curiosidade por pessoas que ele julgava pertencer a um mundo elegante, e as frequentava; talvez pensasse em valer-se delas em seus romances; porém, ao avaliar a sofisticação social ou de costume, se enganava e tomava por cristal o que era fundo de garrafa; e nisso ele era, mas somente nisso, muito ingênuo. Equivocava-se quanto à sofisticação dos costumes; mas não se deixava enganar em relação à fineza de espírito ou de cultura.

    Tinha um modo avaro e cauteloso de dar a mão ao cumprimentar, poucos dedos concedidos e logo retirados; tinha um modo esquivo e parcimonioso de extrair o tabaco da bolsa e encher o cachimbo; e tinha um modo brusco e fulminante de nos dar dinheiro, se soubesse que estávamos precisando, um modo tão brusco e fulminante que ficávamos desconcertados; era, ele dizia, avaro com o dinheiro que possuía, e penava em desfazer-se dele: mas, assim que se desfazia, já não estava nem aí. Se estivéssemos longe dele, não nos escrevia nem respondia a nossas cartas, ou respondia em poucas palavras curtas e geladas: porque, dizia, não sabia querer bem aos amigos quando estavam distantes, não queria sofrer com sua ausência, e logo os incinerava no próprio pensamento.

Nunca teve uma mulher nem filhos nem uma casa sua. Morava com uma irmã casada, que gostava dele e de quem ele gostava; mas também com a família ele usava os mesmos modos rudes, comportando-se como um garoto ou um forasteiro. Às vezes vinha a nossa casa e perscrutava com cenho franzido e ar benévolo os filhos que nos nasciam, as famílias que íamos construindo: ele também pensava em ter uma família, mas pensava de uma maneira que, com o passar dos anos, se tornava mais complicada e tortuosa; tão tortuosa que daí não podia brotar nenhuma conclusão simples. Com os anos, criara para si um sistema de pensamentos e de princípios tão complexo e inexorável que o impedia de atuar na realidade mais simples: e, quanto mais proibida e impossível se tornava aquela simples realidade, mais fundo nele se arraigava o desejo de conquistá-la, emaranhando-se e ramificando-se como uma vegetação tortuosa e sufocante. Às vezes ficava muito triste, e nós poderíamos tê-lo ajudado; mas ele nunca nos permitiu uma palavra de consolo, um gesto de socorro: e assim ocorreu que nós, imitando suas maneiras, rechaçássemos na hora do nosso desconforto a misericórdia dele. Não foi, para nós, um mestre, ainda que nos tenha ensinado tantas coisas; porque víamos bem as absurdas e tortuosas complicações de pensamento nas quais ele aprisionava sua alma simples; e até gostaríamos de lhe ter ensinado alguma coisa, ensiná-lo a viver de modo mais elementar e respirável: mas nunca fomos capazes de lhe ensinar nada porque, quando tentávamos expor nossos motivos, ele erguia uma mão e dizia já saber tudo.

Tinha, nos últimos anos, um rosto sulcado e escavado, devastado por angustiosos pensamentos: mas conservou até o fim, na figura, a graça de um adolescente. Tornou-se, nos últimos anos, um escritor famoso; mas isso não mudou em nada seus hábitos esquivos, nem a modéstia de sua atitude, nem a humildade — consciienciosa até o escrúpulo — de seu trabalho de cada dia. Quando lhe perguntávamos se estava gostando de ser famoso, dizia, com um trejeito altivo, que sempre esperara por isso: ele tinha, às vezes, uma expressão astuta e arrogante, infantil e malévola, que lampejava e desaparecia. Mas o fato de sempre ter esperado por isso significava que a coisa, uma vez alcançada, não lhe dava mais nenhuma alegria: porque era incapaz de gozar as coisas e de amá-las depois de tê-las conquistado. Dizia já conhecer sua arte tão a fundo que ela não lhe oferecia mais nenhum segredo: e, não lhe oferecendo mais segredos, não o interessava mais. Ele nos dizia que até nós, seus amigos, já não tínhamos segredos para ele, e que o entediávamos infinitamente; e nós, mortificados por entediá-lo, não conseguíamos dizer que víamos muito bem onde é que ele errava: em não querer dobrar-se e amar o curso cotidiano da existência, que prossegue uniforme e aparentemente sem segredos. Faltava-lhe, pois, conquistar a realidade cotidiana; mas ela era proibida e inapreensível para ele, que lhe dedicava ao mesmo tempo repulsa e sede; e assim não podia senão observá-la de intransponíveis distâncias.

Morreu no verão. Nossa cidade, no verão, fica deserta e parece muito grande, clara e sonora como uma praça; o céu é límpido, mas não luminoso, de uma palidez leitosa; o rio escorre plano como uma estrada, sem transpirar umidade nem frescor. Erguem-se das alamedas lufadas de poeira; passam, vindas do rio, grandes carroças cheias de areia; o asfalto da avenida é todo coberto de pedrinhas, que cozinham no piche. Ao ar livre, sob os sombreiros franjados, as mesinhas dos cafés ficam abandonadas e escaldantes.

Nenhum de nós estava lá. Para morrer, ele escolheu um dia qualquer daquele tórrido agosto; e escolheu o quarto de um hotel nas proximidades da estação, querendo morrer como um forasteiro na cidade que lhe pertencia. Tinha imaginado sua morte num poema antigo, de muitos e muitos anos atrás:

Non sarà necessario lasciare il letto.
Solo l'alba entrerà nella stanza vuota.
Basterà la finestra a vestire ogni cosa
di un chiarore tranquillo, quasi una luce.
Poserà un'ombra scarna sul volto supino.
I ricordi saranno dei grumi d'ombra
appiattati cosí come vecchia brace
nel camino. Il ricordo sarà la vampa
che ancor ieri mordeva negli occhi spenti.*

Pouco tempo depois de sua morte, fomos à colina. Havia tavernas na estrada com pérgulas de uvas vermelhas, jogos de bocha, montes de bicicletas; havia chácaras com cachos de panículas, o mato ceifado a secar sobre sacos: a paisagem que ele amava, na orla da cidade e às vésperas do outono. Olhamos a noite de setembro subir sobre as margens relvosas e os campos arados. Éramos todos muito amigos, e nos conhecíamos de muitos anos; pessoas que sempre tinham trabalhado e pensado juntas. Como acontece entre quem se quer bem e foi atingido por uma desgraça, tentávamos agora nos aproximar ainda mais, nos acudirmos e nos protegermos uns aos outros; porque sentíamos que ele, numa sua maneira misteriosa, sempre nos acudira e protegera. Estava mais que nunca presente, naquela encosta da colina.

---

* "Não será necessário deixar a cama./ Só a aurora entrará nesse quarto vago./ Bastará a janela a vestir cada coisa/ de clareza tranquila, quase uma luz./ Pousará uma sombra no rosto supino./ As lembranças serão uns punhados de sombra/ consumidos, assim como velhas brasas/ na lareira. A lembrança será a chama/ que ainda ontem mordia nos olhos baços." Trecho do poema "O paraíso sobre os telhados", de Cesare Pavese, em *Trabalhar cansa*, op. cit., 331.

*Ogni occhiata che torna, conserva un gusto
di erba e cose impregnate di sole a sera
sulla spiaggia. Conserva un fiato di mare.
Come un mare notturno è quest'ombra vaga
di ansie e brividi antichi, che il cielo sfiora
e ogni sera ritorna. Le voci morte
assomigliano al frangersi di quel mare.**

---

* "Cada olhar que retorna conserva um gosto/ de pastagem e coisa curtida ao sol/ numa tarde de praia. E um cheiro de mar./ Esta sombra indecisa é um mar noturno/ de tremores e ânsias antigas, que o céu/ roça e à noite regressa. Estas vozes mortas/ assemelham-se aos golpes daquele mar." Trecho de "Paisagem VIII", de Cesare Pavese, em *Trabalhar cansa*, op. cit., 285.

Elogio e lamento da Inglaterra

A Inglaterra é bonita e melancólica. Para ser sincera, não conheço muitos países; mas me surgiu a suspeita de que a Inglaterra seja o país mais melancólico do mundo.

É um país altamente civilizado. Aqui se veem resolvidos com grande sabedoria os problemas mais essenciais da vida, como as enfermidades, a velhice, o desemprego, os impostos.

É um país que sabe ter — creio — um bom governo, e isso se percebe nos mínimos detalhes da vida cotidiana.

É um país onde reina o máximo respeito, e a máxima vontade de respeito, pelo próximo.

É um país que se mostrou sempre pronto a acolher estrangeiros, as populações mais diversas, e, ao que me parece, não os oprime.

É um país onde sabem construir casas. O desejo do homem de usufruir uma pequena casa só para si e para sua família, com um jardim que ele mesmo possa cultivar, é considerado legítimo, e assim as cidades são compostas por esse tipo de pequenas casas.

Até as casas mais modestas, vistas de fora, podem ter uma aparência graciosa.

E no entanto uma cidade grande como Londres, monstruosamente imensa, é concebida de modo que essa grandeza não se perceba nem pese. O olho não se perde em sua grandeza, mas é atraído e enganado pelas pequenas ruas, pelas pequenas casas, pelos parques verdes.

Os parques se abrem na cidade como lagos, para descansar nossa vista, dar-lhe refrigério e libertação, lavá-la da fuligem.

Porque a cidade logo se vê envolvida numa densa camada fuliginosa ali onde não há verde, e cheira como as estações de velhos trens, a carvão e a poeira.

As estações são os locais em que a Inglaterra é mais abertamente tétrica. Nelas se acumulam ferro-velho, detritos de carvão, montes emaranhados e ferruginosos de trilhos em desuso; e em seu entorno há plantações desoladas de couve, com pobres camisolas estendidas e barracas remendadas como velhos lençóis.

Igualmente tétrica é a periferia de Londres, onde as ruas de casinhas todas iguais se multiplicam e prolongam até a vertigem.

A mesma vertigem se sente ao vermos aqui em Londres certas vitrines de lojas atulhadas de sapatos todos iguais, de bico fino e salto agulha. Sapatos que machucam os pés só de olhar. Ou vitrines repletas e transbordantes de lingerie feminina, tão atulhadas que tiram qualquer vontade de comprar anáguas ou meias, tanta é a saturação dos olhos. Diante de tal abundância, nos vem a sensação de não precisarmos de nada — e um desgosto por meias e anáguas que parece durar para sempre.

Contra os muros de tijolos vermelhos das pequenas casas sobressaem as folhinhas verdes das árvores, minúsculas, de um verde tenro, como um fino bordado de folhas.

De quando em quando surge na estrada uma árvore florida, de um rosa suave ou vivamente aceso, bonito de ver, um gracioso ornamento da rua. No entanto, observando bem, se sente que as árvores não estão ali por acaso, mas por cálculo, em obediência a um traçado preciso. E o fato de estarem ali não por acaso, mas em obediência a um traçado preciso, entristece sua beleza.

Na Itália, uma árvore florida na rua de uma cidade seria algo de um inusitado contentamento. Estaria ali por acaso, irrompendo da alegria da terra, e não pelo cálculo de uma vontade determinada.

Em Londres, nesta cidade negra e cinza, o homem colocou com precisa determinação alguma cor. Pode-se topar de repente com um portãozinho azul, ou rosa, ou vermelho entre seus irmãos negros. Passam no ar cinzento os ônibus pintados de um vermelho vivo. São cores que em outros lugares seriam alegres, mas aqui, sob o jugo de uma intenção precisa e determinada, não são alegres: sorriso triste e mortiço de quem não sabe sorrir.

E vermelhos são os carros dos bombeiros, que não soltam aqueles gritos estridentes de sirenes, mas um suave tilintar de sinos.

A Inglaterra nunca é vulgar. É conformista, mas não vulgar. Nunca é debochada, sendo triste. A vulgaridade nasce da gaiatice e da arrogância. Nasce, ainda, do estro e da fantasia.

Às vezes acreditamos perceber a vulgaridade na voz cacarejante ou no riso estrídulo de uma mulher, nas cores berrantes de sua maquiagem ou em seus cabelos espigados. Mas logo nos damos conta de que neste país, em qualquer canto, a vulgaridade é sempre esmagada pela melancolia.

Falta fantasia aos ingleses. Vestem-se todos do mesmo modo. As mulheres que se veem nas ruas vestem o mesmíssimo impermeável de plástico, transparente e caramelado, parecendo cortina de banheiro ou toalha de mesa dos restaurantes. Todas têm, enfiada no braço, uma cesta de vime. Os homens de negócios usam o uniforme que conhecemos, com chapéu-coco preto, calça riscada e guarda-chuva. Os artistas do bairro de Chelsea, e os estudantes com sonhos de arte, de boêmia e de vida dissipada, têm barbas ruivas, incultas, redondas, e vestem paletó xadrez com bolsos irregulares. As jovens desse grupo usam calças pretas e justas, malhas de gola rulê e, mesmo na chuva, sapatos brancos.

Vestindo-se desse modo, os jovens acreditam estar afirmando em alta voz sua condição livre, desregrada, anticonformista, a originalidade e o estro do próprio pensamento. Não percebem, porém, que a rua acolhe milhares de personagens perfeitamente idênticas a eles, com o mesmo corte de cabelo, a mesma expressão de desafio ingênuo no rosto, os mesmos sapatos.

Falta fantasia aos ingleses: no entanto demonstram fantasia em duas coisas, duas apenas. As roupas de noite das velhas senhoras e os cafés.

As velhas senhoras trajam, à noite, os vestidos mais bizarros. E pintam o rosto de rosa e de amarelo, sem parcimônia. De quietos pardais, se transformam em pavões e faisões exuberantes.

Não suscitam nenhum espanto à sua volta. De resto, o povo inglês desconhece o espanto. Jamais vira a cabeça para olhar o próximo na rua.

Também nos cafés e restaurantes a Inglaterra exibe seu estro. Costuma dar nomes estrangeiros a eles, para torná-los mais atraentes: "Pustza", "Chez Nous", "Roma", "Le Alpi". Através de suas vidraças se veem frágeis plantinhas trepadeiras, luminárias chinesas, picos agudos de rocha, azuis de geleiras. Ou se veem caveiras, ossos cruzados, paredes pretas, tapetes pretos e velas mortuárias, onde reina — estando frequentemente desertos — um lutuoso silêncio.

A Inglaterra, não estando nada contente consigo, esmera-se em vestir as plumas do fascínio estrangeiro, ou busca o calafrio de uma sedução funérea.

De resto, as bebidas e as comidas que se encontram no interior dessas *pustze*, desses Alpes, desses sepulcros, têm o mesmo sabor miserável. A fantasia não chegou até as bebidas e as comidas: ficou agarrada às cortinas, aos tapetes, às luminárias.

Os ingleses, por hábito, não demonstram assombro. Se acontece de alguém desmaiar na rua, está tudo previsto. Em poucos segundos lhe providenciam uma cadeira, um copo d'água e uma enfermeira uniformizada.

Os desmaios são previstos e, em torno do infortunado, tudo se move prontamente em seu socorro, de modo automático.

No entanto os ingleses se espantam profundamente quando, no restaurante, pedimos um pouco de água. Eles não bebem água, perenemente saciados por infinitas xícaras de chá. Não apreciam o vinho, nem tocam em água. Por isso o pedido de um copo d'água os desorienta, aquele mesmo copo d'água que surge tão solícito quando alguém desmaia na rua.

Mas por fim trazem numa bandeja um pequeno copo com pouca água morna, e uma colherinha.

Talvez tenham razão em camuflar seus cafés e restaurantes sob vestes estrangeiras. Porque, quando esses locais são declaradamente ingleses, aí impera um desespero tão esquálido a ponto de inspirar ideias de suicídio em quem entra.

Muitas vezes me perguntei qual seria o motivo de tanto desolamento nos cafés ingleses. Talvez derive do desolamento das relações sociais. Qualquer lugar onde os ingleses se reúnem para conversar transborda de melancolia. De fato não há nada mais triste no mundo do que uma conversa inglesa, sempre concentrada em não beirar nada de essencial, detendo-se sempre na superfície. Para não ofender o próximo violando sua intimidade, que é sagrada, a conversa inglesa zumbe em torno de assuntos de extremo tédio para todos, contanto que não apresentem perigo.

Os ingleses são um povo totalmente desprovido de cinismo. No fundo, são sempre sérios, apesar das gargalhadas que estouram de repente e desmoronam surdas, sem eco. Ainda acreditam em certos valores essenciais, que, em qualquer outro lugar, já foram esquecidos: na seriedade do trabalho, do estudo, da fidelidade a si mesmos, aos amigos, à palavra empenhada.

A civilização, o respeito pelo próximo, o bom governo, o saber pensar e suprir as exigências do homem, a prestação de assistência na velhice e na enfermidade, tudo isso certamente é fruto de uma antiga e profunda inteligência. No entanto essa inteligência não é minimamente visível ou perceptível na gente que passa na rua. Olhando ao redor, não se vê sinal dela. Falando ao acaso com o primeiro que passa, esperaremos em vão palavras de sabedoria humana.

Quando entramos numa loja, a vendedora nos acolhe com as palavras *"Can I help you?"*. Mas se trata de meras palavras. Ela imediatamente se revela incapaz de nos ajudar, e nem um pouco disposta a isso. Nela não se vislumbra nenhuma vontade de estabelecer um entendimento com a gente, de colaborar, nenhuma vontade de nos agradar. Ao procurar o que desejamos, ela não espicha o olhar dois centímetros além do nariz.

As vendedoras inglesas são as vendedoras mais broncas do mundo.

Mas se trata de uma estupidez da qual estão inteiramente

ausentes o cinismo, a insolência, a arrogância, o desprezo. É uma estupidez em que não há nenhuma vulgaridade. Ela não é absolutamente ignóbil, e por isso mesmo não ofende. Os olhos das vendedoras inglesas têm a fixidez atônita e vazia das ovelhas nas imensas pastagens.

Quando saímos da loja, o olho da vendedora nos segue atônito e vazio, sem ter formulado nenhum tipo de julgamento sobre nós, nenhum pensamento. É um olho que logo se esquece de nós, assim que saímos do brevíssimo raio de sua íris.

Assim, se por acaso acontece de encontrarmos uma vendedora menos bronca, nos sentimos dispostos a comprar toda a loja, só pela surpresa.

A Itália é um país pronto a dobrar-se aos piores governos. É um país, como se sabe, onde tudo funciona mal. É um país onde reina a desordem, o cinismo, a incompetência, a confusão. E, apesar disso, se sente circular pelas ruas a inteligência, como um sangue que pulsa.

É uma inteligência que evidentemente não serve para nada. Não é usada em benefício de nenhuma instituição que possa melhorar minimamente a condição humana. Entretanto aquece o coração e o consola, ainda que se trate de um conforto enganador e, talvez, insensato.

Na Inglaterra a inteligência se traduz nas obras; contudo, se a procurarmos nas ruas, não encontraremos nem um lampejo dela, e isso nos parece, estúpida e injustamente, uma privação e nos deixa doentes de melancolia.

A melancolia inglesa nos contagia de imediato. É uma melancolia caprina, atônita, uma espécie de estupor vazio, sobre a qual flutuam na superfície as discussões sobre o tempo e as estações, sobre todas as coisas acerca das quais é possível falar longamente sem nunca ir ao fundo, sem ofender e sem ser ofendido, um longo e leve zumbido de pernilongo.

Apesar de tudo, o povo inglês parece de algum modo consciente da própria tristeza, da tristeza que seu país inspira aos estrangeiros. Parece desculpar-se com os estrangeiros, e se mostra eternamente ansioso para ir embora. Vive como num eterno exílio, sonhando com outros céus.

Sempre me espantou o fato de que, na Itália, quem tem filhos adolescentes sempre sonha em mandá-los para a Inglaterra nas férias de verão. Especialmente quando se trata de jovens que estão atravessando — como frequentemente ocorre na adolescência — um período de timidez, de misantropia, de mau humor e agressividade. Os pais italianos pensam na Inglaterra como um remédio específico para esses males. Na verdade, na Inglaterra nunca se faz nenhuma mudança. É um país onde se continua sendo absolutamente aquilo que se é.

Quem é tímido continua tímido, e quem é misantropo permanece misantropo. Além disso, sobre a timidez e a misantropia ainda se espalha a grande, a interminável melancolia inglesa, como uma pradaria imensa onde os olhos se perdem.

De resto, os pais inutilmente esperam que nessas temporadas de verão os filhos aprendam inglês, língua muito difícil de ser aprendida, que pouquíssimos estrangeiros sabem, e que cada inglês fala à sua maneira.

A Inglaterra é um país onde se continua sendo absolutamente aquilo que se é. O espírito não empreende o mais mínimo desvio. Permanece ali, imóvel, imutável, protegido por um clima ameno, temperado, úmido, sem mudanças de estação, assim como em todas as estações permanece imutável a relva verde dos campos, que não dá para imaginar mais verde: que a mordida do gelo nunca fere, e o sol nunca devora. A alma não se liberta de seus vícios nem adquire novos. Assim como a relva, a alma se embala em silêncio em sua verdejante solidão, embebida numa chuva morna.

Há catedrais belíssimas. Não apertadas entre casas e lojas, mas soltas em gramados verdes. Há lindos cemitérios, simples pedras inscritas, espalhadas na relva numa paz profunda, aos pés das catedrais. Nenhum muro as protege, elas estão ali, em perpétua intimidade com a vida, e mesmo assim mergulhadas numa paz suprema.

No país da melancolia, o pensamento está sempre voltado para a morte. Não teme a morte, já que a sombra da morte se assemelha à sombra vasta das árvores, ao silêncio que já está presente na alma, perdida em seu verde sono.

La Maison Volpé

Aqui em Londres, perto de minha casa, há um lugar chamado "La Maison Volpé". O que é, não sei, nunca entrei: acho que deve ser um restaurante ou um café. Talvez eu nunca entre ali: aquele nome conservará para mim seu mistério. Mas tenho a impressão de que, quando me lembrar de Londres e do tempo que passei aqui, essas sílabas vão vibrar em meu ouvido, e toda Londres se resumirá para mim naquele nome parisiense.

De fora, só se vê uma porta de vidro com espessas cortinas de tule cor de avelã; além das espessas cortinas não se vê nada; o cortinado é velho, empoeirado, pálido; talvez seja um restaurante, mas passando por perto não se sente nenhum cheiro, nem bom nem ruim; de resto, nunca vi alma viva entrando ou saindo por aquela porta, acima da qual estão inscritas em preto e dourado as letras daquele estranho nome: La Maison Volpé. Quer se trate de um café, de um restaurante ou de um salão de baile, tenho a sensação de que ali são servidos pratos e bebidas, coisa antiga e impregnada da poeira e das traças que recobrem as cortinas. A rua é quase de periferia. Entre um posto de gasolina e um frigorífico, a Maison Volpé, sempre hermeticamente fechada, lança seu mistério noturno, a promessa de prazeres secretos, exóticos e talvez pecaminosos que se encerra nos caracteres pretos e dourados de seu nome.

Em Londres, locais como a Maison Volpé há aos montes: surgem nos pontos mais improváveis, têm nomes extravagantes, e de fora não se entende bem o que são; exalam uma atmosfera noturna, exótica e vagamente pecaminosa, e neles se encontra em pleno dia, ao entrar, uma misteriosa penumbra dissipada apenas por tênues luminárias azuis; há tapetes de veludo e paredes pintadas de preto, mas somos imediatamente desiludidos pelos açucareiros sobre as mesas, cheios de um açúcar amarronzado, o açúcar de cana que usam aqui. Não demoramos a perceber que nesses locais não acontece absolutamente nada de estranho; e só se bebe um café claro e morno, misturado com leite. As mesas são ocupadas por pessoas vestidas com certo esmero; vê-se pelo tipo de roupa que não entraram ali por acaso, de passagem, mas com o firme propósito de passar algumas horas justamente naquele lugar e, quem sabe, se divertir. Qual é a diversão de passar o tempo num lugar como esse, desprovido de qualquer alegria, ignoro; não se veem amantes se abraçando, e a conversa é um educado sussurro; as pessoas não parecem envolvidas numa conversa íntima, entusiasmada, acesa, como as conversas íntimas que se estabelecem, entre homem e mulher ou entre amigos, em nossos cafés. Não há naquele sussurro educado nenhuma espécie de intimidade. Toda a decoração, a penumbra, os cortinados, os tapetes parecem estar ali para sugerir intimidade; mas ela continua sendo um propósito abstrato, um sonho remoto.

Quando se encontram, os italianos em Londres falam de restaurantes. Não existe em toda Londres um restaurante onde seja agradável reunir-se para bater papo e jantar. Os restaurantes daqui ou são muito lotados, ou desertos demais. E todos têm um aspecto grave ou esquálido. Às vezes os dois aspectos se juntam; às vezes à esqualidez se sobrepõe a gravidade, rígidas poltronas de espaldar alto, senhoras com casacos de pele e jarras de prata; às vezes é a esqualidez que predomina, num abandono desolador; além disso, em qualquer lugar quase sempre se comem os mesmos pratos, os mesmos bifes escuros e retorcidos, acompanhados de um tomate cozido e uma folha de salada sem azeite nem sal.

Há restaurantes onde só se come frango assado. Filas e filas de frango giram no espeto. Os garçons passam correndo de uma mesa à outra equilibrando pratos quentes de frango. Não se percebe nem sombra de outra comida ao redor. Saímos tão enjoados de frango que parece que nunca mais vamos conseguir pôr na boca um pedacinho de frango pelo resto da vida. Também há restaurantes que se chamam "The Eggs and I" (Os Ovos e Eu). E ali só há ovos, ovos duros, gelados e marmóreos sobre os quais são jogados pequenos jatos de maionese.

Na Inglaterra se faz muita propaganda de restaurantes e comida em geral. No cinema, nas ruas, nas estações subterrâneas, nas revistas ilustradas se veem imagens grandes e coloridas de comidas e bebidas. *"Oh, it is luxurious! It is delicious!"* No cinema assistimos a longas projeções publicitárias de restaurantes chineses, indianos e espanhóis com orquestras, palmas, flores, clientes comendo com um fez ou um sombreiro na cabeça, extasiados diante de um prato onde temos a impressão de entrever o habitual bife escuro com a mesma folha de salada. Na tela se sucedem bosques salpicados de morangos vermelhos e pastos intermináveis que depois se transformam no sorvete Kiaora (que se pode pegar "aqui e agora") ou no copo de papelão do leite Fresko (*"Fresko is delicious! and full of vitamins!"*). A cidade é cheia de apelos para beber e comer. Em cada esquina se vê um cartaz com um ovo quente e a sábia recomendação *"Go to work on an egg"* (Vá ao trabalho após um ovo). Ou então *"Drink a pinta milka day"* (Beba um quartilho de leite por dia), *"Baby cham? I love Baby cham!"*. Ou ainda: *"Have a chicken for your week-end"* (Leve um frango para seu fim de semana).

No entanto, apesar de todo esse clamor gastronômico, para as pessoas tudo se resume simplesmente em *"food"*, comida: algo genérico e melancólico. Nos romances se lê que se serve *"some food"*: nenhuma especificação carinhosa. Os milhares de caixinhas expostos nos mercados exibem imagens dos mais variados e apetitosos animais: faisões, perdizes, corças, cabritos e cervos; e trazem deliciosos nomes exóticos entre esboços de paisagens distantes, para onde seria um sonho poder ir. Mas quem vive aqui há algum tempo já perdeu qualquer inocência: sabe bem que o conteúdo dessas caixinhas é sempre *"food"*, ou seja, nada. Nada que se possa comer com simpatia cordial, com prazer sereno.

Depois de vivermos certo tempo aqui, percebemos que não se pode cometer nenhuma imprudência quando se compra comida. Não se pode entrar numa confeitaria, escolher algum doce, levá-lo para casa e comê-lo. Esse ato simples e inocente não é possível aqui. Porque esses doces graciosamente cobertos de chocolate e incrustados de amêndoas ficam em nossa boca, como empastados de carvão ou de areia. Mas, a bem da verdade, é preciso dizer que não fazem nenhum mal. São apenas ruins, inofensivos, mas ruins, com um gosto de centenas de anos, mas inofensivos. Os doces das tumbas dos faraós, ao lado das múmias, devem ter esse mesmo sabor. Nem balas podemos comprar sem preocupação. Elas podem ser duras que nem pedra, ou grudar nos dentes, enchendo a boca de um gosto estranho de sal.

Sobre cada local onde se vende ou se comercializa comida pesa uma tristeza opaca. Até as vitrines das quitandas, cheias de frutas bonitas de se ver, com pilhas de toranjas e pencas de bananas, essas vitrines de quitanda todas iguais em qualquer lugar, nas estações de metrô, nos subúrbios mais afastados e nos mais remotos vilarejos perdidos no campo, são sempre tristes. Talvez porque sejam tão inexoravelmente idênticas umas às outras. Talvez porque se saiba que aquela fruta não tem gosto nenhum. Mas talvez simplesmente porque se trata de comida, isto é, de algo que aqui é triste.

E no entanto os ingleses são obcecados pela ideia de comida. Percorrendo as estradinhas de campo mais remotas e desertas, à beira de um bosque denso e selvagem ou às margens de uma encosta brenhosa e desolada, se encontra uma placa com a inscrição *"teas, luncheons, snacks"*. Olhamos ao redor, nos perguntando como e quem poderia manter uma promessa tão convidativa. Não se vê alma viva. Mas eis que, poucos passos adiante, nos espera um trailer onde efetivamente se pode pedir um chá, o habitual *coffee* açucarado e morno, e sanduíches de presunto. Ao lado do caixa há até um grande globo de vidro em que borbulha a laranjada, na qual puseram, boiando, talvez para dar uma ideia mais vívida de frescor, duas ou três laranjas de borracha.

Às vezes, em vez do trailer, topa-se em plena zona rural com uma casinha listrada, onde se lê *"farm"* e a habitual promessa de *"snacks"*. Entramos pensando que ali comeremos pratos rústicos e insólitos. A *"farm"* está apinhada de londrinos de passagem, que comem, às quatro da tarde, bacalhau com batatas fritas. Há o mesmo globo de laranjada e os copos de papelão do leite Fresko (*"Fresko is delicious!"*) alinhados ao lado do caixa. Os *"snacks"* são sanduíches. Os da *"farm"* são feitos com o mesmo pão embrulhado em pacotes de papel quadriculado, já cortado em fatias e só miolo, que se vende em qualquer Lyon's ou drogaria inglesa. Em torno dali se espalham os belos campos verdes, farfalhantes e úmidos, selvagens e ao mesmo tempo mansos como nenhum outro do mundo, silenciosos, intragáveis e inodoros. Não se sente nenhum cheiro de estrume, de bicho, de terra arada ou de feno; não se ouve nenhum dos barulhos a que estamos acostumados no campo, o rolar dos carros ou a pisada dos cavalos. Vacas inodoras e limpas pastam num curral. Ninguém toma conta delas, não se veem vaqueiros, cachorros ou camponeses. Às vezes, em pleno campo, podemos encontrar um pub suntuosamente decorado por dentro, com veludos vermelhos e molduras douradas. Um pub idêntico aos do centro de Londres, em nada diferente. No canto há uma pequena lareira onde arde um falso carvão ou uma tora falsa de madeira: falsos, mas de boa imitação. A cerveja é bebida em copos esmerilhados, grandes e pesados. Trazem a cerveja das cantinas em baldes de lata ou de zinco, que fatalmente fazem pensar em água suja. De resto, em Londres também se vê o mesmo. Por que não usar outro recipiente? Não há nenhuma explicação. Os ingleses são insensíveis a certas associações de ideias. Além disso, esses baldes talvez sejam o sinal do profundo desprezo e do ódio secreto que os ingleses sentem por qualquer bebida ou comida. Parece-me até que certas palavras usadas para indicar comidas ou bebidas têm um som injurioso, revelando ódio e desprezo: "*Snackssquash-poultry*". Palavras como essas não parecem insultos? Mas significam apenas sanduíches, laranjada, aves.

Pensando bem, o ódio dos ingleses pela comida talvez seja a única origem daquela obscura tristeza que pesa em cada local onde se vende ou comercializa alimento. Um bar ou um restaurante que descuide minimamente de um certo decoro burguês se parece de modo impressionante com um refeitório de pobres. E à noite, em certas noites da semana, até nas portas dos restaurantes mais sofisticados do centro ou diante dos locais de encontro mais misteriosos e com os nomes mais estranhos, até em frente à misteriosa Maison Volpé, se veem cinzentos tonéis de lixo, enormes, transbordantes. Os tonéis de lixo não são alegres em nenhum país do mundo. Mas acredito que em nenhum país do mundo eles sejam tão grandes, cinzentos, visíveis e transbordantes, impregnados da fumaça cinzenta do ar e carregados de uma desolada melancolia.

Ele e eu

Ele sempre tem calor; eu, sempre frio. No verão, quando realmente está quente, só faz se lamentar do grande calor que sente. E se irrita quando me vê vestindo um pulôver à noite.
    Ele sabe falar bem algumas línguas; eu não falo bem nenhuma. Ele consegue até falar, num modo todo seu, certas línguas que desconhece.
    Ele tem um grande senso de orientação; eu, nenhum. Em cidades estrangeiras, depois de um dia, ele se movimenta com a leveza de uma borboleta. Eu me perco em minha própria cidade e preciso pedir informações para voltar para casa. Ele odeia pedir informações; quando andamos por cidades desconhecidas, de carro, se recusa a pedir indicações e me manda olhar o mapa. Eu não sei decifrar os mapas, me confundo com aquelas bolinhas vermelhas, e ele se irrita.
    Ele adora teatro, pintura e música — especialmente a música. Eu não entendo nada de música, me interesso bem pouco por pintura e me entedio no teatro. Amo e compreendo uma só coisa no mundo, que é a poesia.

Ele ama os museus, e eu o acompanho com esforço, com uma desagradável sensação de dever e de cansaço. Ele ama as bibliotecas, e eu as odeio.

Ele ama as viagens, as cidades estrangeiras e desconhecidas, os restaurantes. Eu ficaria sempre em casa, sem sair nunca.

No entanto o acompanho em muitas viagens. Vou aos museus, às igrejas, à ópera. Vou até aos concertos, e durmo.

Como ele conhece muitos maestros e cantores, gosta de ir, após o espetáculo, confraternizar com eles. Eu o sigo por intermináveis corredores que conduzem aos camarins dos cantores e o escuto falando com pessoas vestidas de cardeais e de reis.

Não é tímido; e eu sou tímida. Certas vezes, porém, o vi tímido. Com os policiais, quando se aproximam do nosso carro armados de lápis e bloco. Diante deles se torna tímido, sentindo-se em falta.

E mesmo não se sentindo em falta. Creio que nutra um respeito pela autoridade constituída.

Eu tenho medo da autoridade constituída; ele, não. Ele sente respeito. É diferente. Se vejo um policial se aproximando para nos multar, logo penso que vai nos levar para a cadeia. Já ele não pensa na cadeia; mas, por respeito, se torna tímido e gentil.

Por isso, por seu respeito diante da autoridade constituída, na época do julgamento de Montesi* nós brigamos até o delírio.

Ele gosta de talharim, de cordeiro, de cerejas, de vinho tinto. Eu gosto de minestrone, de açorda, de fritada, de verduras.

Ele costuma me dizer que eu não entendo nada em matéria de comida; e que sou como certos frades robustos, que devoram sopa de legumes à sombra de seus conventos; já ele, ele é um refinado, de paladar sensível. Nos restaurantes, se informa demo-

---

* Em 1953, a jovem Wilma Montesi foi encontrada morta em uma praia italiana. Com graves implicações políticas, o caso nunca foi solucionado.

radamente sobre os vinhos; manda trazer duas ou três garrafas, as observa e reflete, cofiando a barba bem devagar.

Na Inglaterra há certos restaurantes em que o garçom cumpre este pequeno cerimonial: serve ao cliente dois dedos de vinho na taça para que ele diga se é de seu agrado. Ele odiava este pequeno cerimonial; e todas as vezes impedia o garçom de cumpri-lo, tirando-lhe a garrafa das mãos. Eu o desaprovava, observando que a cada um deve ser permitido levar a cabo suas próprias atribuições.

Assim, no cinema, nunca deixa que a lanterninha o acompanhe até seu lugar. Saca logo uma gorjeta, mas sempre foge para lugares diferentes daqueles que a lanterninha lhe indica com a luz.

No cinema, faz questão de se sentar muito perto da tela. Quando vamos com amigos e todos procuram, como a maior parte das pessoas, um lugar afastado da tela, ele se refugia sozinho numa das primeiras filas. Eu vejo bem, indiferentemente, de perto e de longe; mas, estando com amigos, fico com eles, por gentileza; no entanto sofro, porque pode ser que ele, em seu lugar a dois palmos da tela, fique aborrecido comigo porque não me sentei a seu lado.

Nós dois adoramos cinema; e estamos sempre dispostos a assistir, em qualquer momento do dia, a qualquer espécie de filme. Mas ele conhece a história do cinema em cada mínimo detalhe; lembra-se de diretores e de atores, inclusive dos mais antigos, há muito tempo desaparecidos e esquecidos; e está pronto a andar quilômetros, nas mais remotas periferias, em busca de filmes antiquíssimos, da era do mudo, onde quem sabe aparecerá por poucos segundos um ator querido de suas mais longínquas memórias de infância. Recordo, em Londres, a tarde de um domingo; exibiam num subúrbio distante, nos limites da zona rural, um filme sobre a Revolução Francesa, um filme dos anos

1930, que ele tinha visto quando era menino, no qual aparecia por alguns instantes uma atriz famosa naquele tempo. Saímos de carro à procura daquela rua perdida nas lonjuras; estava chovendo, havia neblina, vagamos horas e horas por subúrbios todos iguais, entre filas cinzentas de pequenas casas, calhas, lampiões e cancelas; sobre os joelhos eu tinha um mapa aberto, que não conseguia decifrar, e ele se irritava; por fim, encontramos o cinema e nos sentamos numa sala completamente deserta. Mas, depois de quinze minutos, ele já queria ir embora, logo após a breve aparição da atriz que ele adorava; eu, porém, depois de tanta estrada, queria ver como o filme terminava. Não me lembro se prevaleceu a vontade dele ou a minha; talvez a dele, e a gente tenha ido embora depois de quinze minutos; até porque já estava escuro e, embora a gente tivesse saído de casa no início da tarde, já era hora do jantar. No entanto, ao lhe pedir que me contasse como a história acabava, não obtive nenhuma resposta que me contentasse; porque — ele dizia — a história não tinha importância nenhuma, a única coisa que contava eram aqueles poucos instantes, o perfil, o gesto, os caracóis daquela atriz.

Nunca me lembro do nome dos atores; e, como não sou boa fisionomista, às vezes tenho dificuldade de reconhecer até os mais famosos. Isso o irrita muitíssimo; pergunto-lhe quem é sicrano ou beltrano, suscitando seu desdém; "não vá me dizer", diz, "não vá me dizer que não reconheceu William Holden!".

E de fato eu não tinha reconhecido William Holden. Apesar disso, também amo o cinema; mas, mesmo assistindo a filmes há tantos anos, eu não soube formar uma cultura cinematográfica. Ele, ao contrário, formou essa cultura: formou uma cultura sobre tudo o que atrai sua curiosidade; e eu não soube formar uma cultura sobre coisa nenhuma, nem sobre as coisas que mais amei na vida: elas ficaram em mim como imagens esparsas, alimentando minha vida de memórias e de emoções, mas sem preencher o vazio, o deserto de minha cultura.

Ele me diz que me falta curiosidade: mas não é verdade. Sinto curiosidade por poucas, pouquíssimas coisas; e, depois de conhecê-las, conservo delas algumas imagens esparsas, a cadência de uma frase ou de uma palavra. Mas meu universo, onde tais cadências e imagens afloram isoladas umas das outras sem estar ligadas por nenhuma trama senão secreta, a mim mesma desconhecida e invisível, é árido e melancólico. Já o universo dele é exuberantemente verde, exuberantemente povoado e cultivado, um campo fértil e irrigado onde surgem bosques, pastos, hortos e vilarejos.

Para mim, qualquer atividade é sumamente difícil, árdua, incerta. Sou muito preguiçosa e tenho uma absoluta necessidade de não fazer nada, sobretudo se quero concluir alguma coisa, e ficar deitada por longas horas nos sofás. Ele nunca está ocioso, sempre faz alguma coisa; escreve à máquina com extrema rapidez, com o rádio ligado; quando vai descansar de tarde, leva provas de livro para corrigir ou um volume cheio de notas; no mesmo dia, quer que a gente vá ao cinema, depois a uma recepção, depois ao teatro. No mesmo dia, consegue fazer — e me convencer a fazer — um mundo de coisas diferentes, encontrando as pessoas mais disparatadas; quanto a mim, se estou sozinha e tento fazer que nem ele, não chego a lugar nenhum, porque, ali onde pretendia ficar só meia hora, me vejo bloqueada pelo resto da tarde, ou porque me perco e não acho as ruas certas, ou porque a pessoa mais tediosa e que eu menos queria ver me arrasta ao lugar aonde eu menos desejava ir.

Se conto a ele como foi minha tarde, ele a considera uma tarde perdida e se diverte, debocha de mim e se irrita; e diz que eu, sem ele, não sirvo para nada.

Eu não sei administrar o tempo. Ele sabe.

Adora as recepções. Vai vestido de terno claro, quando todos estão vestidos de escuro; a ideia de mudar de roupa para ir a uma recepção nem lhe passa pela cabeça. Vai inclusive com seu velho impermeável e com o chapéu desbeiçado: um chapéu de lã que comprou em Londres e que usa enterrado até os olhos. Fica ali somente meia hora, pois ele gosta de conversar por meia hora com um copo na mão; come muitos salgadinhos, e eu, quase nenhum, porque ao vê-lo comer tantos penso que, por educação e decoro, pelo menos eu devo abster-me de comer; depois de meia hora, quando começo a ambientar-me um pouco e a me sentir bem, ele fica impaciente e me leva embora.

Eu não sei dançar, e ele sabe.

Não sei escrever à máquina; e ele sabe.

Não sei guiar automóvel. Se lhe proponho também tirar a habilitação, ele não quer. Diz que eu nunca vou conseguir mesmo. Acho que ele gosta que eu dependa dele, em tantos aspectos.

Não sei cantar, e ele sabe. É um barítono. Se tivesse estudado canto, quem sabe teria se tornado um cantor famoso.

Se tivesse estudado música, talvez tivesse sido um grande maestro. Quando ouve os discos, rege a orquestra com um lápis. Enquanto isso, escreve à máquina e atende o telefone. É um homem que consegue fazer muitas coisas ao mesmo tempo.

É professor, e creio que seja bom nisso.

Poderia ter seguido várias profissões. Mas não lamenta nenhuma das que descartou. Eu só poderia fazer um ofício, um ofício apenas: o ofício que escolhi, e que sigo, quase desde a infância. Também não lamento nenhuma das profissões que não segui: de qualquer modo, eu não saberia fazer outra coisa.

Escrevo histórias, e trabalhei muitos anos numa editora.

Não trabalhava mal, mas tampouco bem. Entretanto me dava conta de que talvez não soubesse trabalhar em nenhum outro lugar. Tinha relações de amizade com meus companheiros de trabalho e com meu patrão. Sentia que, se não tivesse tido ao meu redor essas relações de amizade, teria me apagado e não saberia mais trabalhar.

Cultivei por muito tempo a ideia de um dia poder trabalhar com roteiros de cinema. Mas nunca tive a ocasião, ou não soube ir atrás dela. Agora já perdi as esperanças de poder trabalhar com roteiros. Ele trabalhou com roteiros certa época, quando era mais jovem. Trabalhou também numa editora. Escreveu histórias. Ele fez todas as coisas que eu fiz, e mais muitas outras.

Imita bem as pessoas, especialmente uma velha condessa. Talvez pudesse ter sido até ator.

Uma vez, em Londres, cantou num teatro. Era Jó. Teve de alugar um fraque; e estava lá, de fraque, diante de uma espécie de púlpito; e cantava. Cantava as palavras de Jó; algo entre o recitativo e o canto. Eu, num camarote, morria de medo. Tinha medo de que se engasgasse, ou que a calça do fraque arriasse.

Estava cercado por homens de fraque e senhoras com vestidos de noite, que eram os anjos e os diabos e as outras personagens de Jó.

Foi um grande sucesso, e lhe disseram que ele era muito bom.

Se eu gostasse de música, a teria amado com paixão. Porém não a entendo; e nos concertos, quando ele às vezes me força a acompanhá-lo, me distraio e fico pensando em minhas coisas. Ou então caio num profundo sono.

Gosto de cantar. Não sei cantar, sou desafinadíssima; mas canto de vez em quando, bem baixinho, nos momentos em que estou sozinha. Sei que sou muito desafinada porque todos me dizem; minha voz deve ser como o miado de um gato. Mas eu, por mim, não percebo nada; e sinto, ao cantar, um profundo prazer. Se ele me ouve, começa a me arremedar; diz que meu canto é algo que está fora da música; algo inventado por mim.

Quando era menina, murmurava certas melodias que eu mesma inventava. Era uma longa melopeia lamentosa, que me enchia os olhos de lágrimas.

Não me importo se não entendo a pintura, as artes figurativas; mas sofro por não amar a música, porque me parece que meu espírito sofre com a privação desse amor. Mas não há nada a fazer; nunca vou entender a música, nem vou amá-la. Se às vezes escuto uma música que me agrada, não consigo recordá-la; e como poderia amar uma coisa que não sei recordar?

De uma canção, lembro das palavras. Posso repetir ao infinito as palavras que amo. Repito também o motivo que as acompanha, mas a meu modo, com os meus miados; e experimento, miando assim, uma espécie de felicidade.

Tenho a impressão de seguir, quando escrevo, uma cadência e um metro musical. Talvez a música estivesse muito próxima do meu universo; e meu universo, sabe-se lá por que, não a acolheu.

Todo dia se ouve música em nossa casa. Ele deixa o rádio ligado o dia inteiro. Ou põe discos. De vez em quando eu protesto, peço um pouco de silêncio para poder trabalhar; mas ele diz que uma música tão bela é certamente salutar para qualquer trabalho.

Comprou um número incrível de discos. Possui — diz ele — uma das discotecas mais belas do mundo.

De manhã, metido num roupão e ainda gotejante da água do banho, liga o rádio, se senta diante da máquina de escrever e começa sua laboriosa, tempestuosa e rumorosa jornada. É excessivo em tudo: enche a banheira até que ela transborde; enche a chaleira e a xícara até fazê-las derramar. Tem um número enorme de camisas e gravatas. Mas raramente compra sapatos.

Desde menino, segundo a mãe, era um modelo de ordem e precisão; e parece que certa vez em que teve de atravessar riachos cheios de lama, num dia de chuva no campo, com botinhas brancas e roupa branca, no final do passeio estava imaculado, sem uma mancha de lama na roupa ou nas botas. Agora não há mais nada nele do antigo, imaculado menino. Suas roupas estão sempre cheias de manchas. Tornou-se o rei da desordem.

Conserva, porém, minuciosamente, todas as contas de gás. Nas gavetas encontro antigas contas de gás ou recibos de hotéis deixados há tempos, que ele se recusa a jogar fora.

Também encontro charutos toscanos, velhíssimos e ressecados, e boquilhas de cerejeira.

Eu fumo cigarros Stop, longos, sem filtro. Ele, às vezes, os charutos toscanos.

Eu sou muito desordenada. Mas ao envelhecer me tornei saudosa da ordem, e por isso às vezes reordeno os armários com grande zelo. Uma lembrança, creio, de minha mãe. Reorganizo os armários dos lençóis, dos cobertores, e forro cada gaveta, no verão, com panos cândidos. Raramente organizo meus papéis, porque minha mãe, não tendo o costume de escrever, não tinha papéis. Minha ordem e minha desordem são cheias de remorso, de pesar, de sentimentos complexos. A desordem dele é triunfante. Decidiu que, para uma pessoa como ele, que estuda, ter a mesa em desordem é legítimo e justo.

Ele não melhora, em mim, a indecisão, a incerteza em cada ação, o sentimento de culpa. Costuma rir e caçoar de mim por qualquer coisa que eu faça. Se vou às compras no mercado, ele às vezes me segue, escondido, e me espia. Depois debocha de mim pelo modo como fiz as compras, como sopesei as laranjas na mão, escolhendo cuidadosamente, ele diz, as piores de todo o mercado, zomba porque demorei uma hora nas compras, comprei as cebolas numa banca, em outra o aipo, em outra as frutas. Às vezes é ele quem faz as compras, para me mostrar como se pode fazê-las muito mais rápido: compra tudo numa única banca, sem nenhum titubeio; e consegue que mandem o cesto para casa. Não compra aipo, porque não o suporta.

Assim, e cada vez mais, tenho a sensação de errar em cada coisa que faço. Mas, se alguma vez descubro que foi ele quem errou, repito isso até a exasperação. Porque às vezes sou chatíssima.

Suas raivas são repentinas, transbordam feito espuma de chope. Minhas raivas também são repentinas. Mas as dele evaporam logo; já as minhas deixam um rastro lamentoso e insistente, acho que muito enfadonho, uma espécie de miado amargo.

Às vezes choro durante o turbilhão de suas fúrias; e meu choro, em vez de compadecê-lo e aplacá-lo, deixa-o ainda mais furioso. Diz que meu choro é somente uma comédia; e talvez seja verdade. Porque, em meio às minhas lágrimas e à sua fúria, me mantenho plenamente tranquila.

Sobre minhas dores reais, não choro nunca.

Antigamente, em meus acessos de fúria, costumava atirar pratos e louças no chão. Mas agora, não. Talvez porque eu tenha envelhecido e minhas crises de raiva sejam menos violentas; além disso, não teria coragem de tocar em nossos pratos, aos quais me afeiçoei e que um dia compramos em Londres, na Portobello Road.

O preço desses pratos e de muitas outras coisas que compramos sofreu, na memória dele, uma forte desvalorização. Porque ele gosta de pensar que gastou pouco, que fez um bom negócio. Eu sei o preço daquele aparelho de jantar, que custou dezesseis libras esterlinas; mas ele diz que foram doze. O mesmo com o quadro do rei Lear que está em nossa sala de jantar: um quadro que ele também comprou na Portobello, e que limpou com cebolas e batatas; e agora diz ter pagado por ele uma cifra bem menor daquela que me lembro.

Anos atrás, comprou doze tapetes de cama no Standard. Comprou porque estavam baratos, e ele achou bom fazer um estoque; comprou para criar polêmica, por pensar que eu não sei comprar nada para a casa. Esses tapetinhos de esteira de vime cor de vinho se tornaram em pouco tempo repulsivos: ficaram de uma rigidez cadavérica; e eu os odiava, ali, pendurados no arame da área da cozinha. Eu costumava jogá-los na cara dele, como exemplo de má despesa; mas ele dizia que tinham custado pouco, pouquíssimo, quase nada. Foi preciso um bom tempo antes de conseguir jogá-los no lixo: porque eram realmente muitos, e também porque, no momento de jogá-los fora, fiquei em dúvida se não poderiam servir de trapo. Temos, eu e ele, certa dificuldade em jogar as coisas fora: em mim, deve ser uma forma judaica de preservação, e também fruto de minha grande incerteza; nele, deve ser uma defesa à sua falta de parcimônia e sua impulsividade.

Ele costuma comprar, em grande quantidade, bicarbonato e aspirina.

Às vezes adoece de seus misteriosos achaques; não sabe explicar o que sente; fica na cama por um dia, todo enrolado nos lençóis; só se vê sua barba, e a ponta do nariz vermelho. Então ele toma bicarbonato e aspirina em doses cavalares; e diz que eu não posso entendê-lo, porque eu, eu estou sempre bem, sou como aqueles fradalhões robustos, que se expõem sem perigo ao vento e às intempéries; ele, ao contrário, é fino e delicado, sofre de doenças misteriosas. À noite já está curado, e vai à cozinha fazer talharim.

Quando jovem, era bonito, magro, esbelto, ainda não usava barba, mas bigodes longos e macios; e se parecia com o ator Robert Donat. Era assim quase vinte anos atrás, quando o conheci; e vestia, lembro bem, camisas escocesas de flanela, elegantes. Lembro que certa noite me acompanhou até a pensão onde eu morava; caminhamos juntos pela via Nazionale. Eu já me sentia muito velha, carregada de experiência e de erros; e ele me parecia um rapaz, mil séculos longe de mim. O que nos dissemos naquela noite, na via Nazionale, não consigo lembrar; nada de importante, suponho; a ideia de que um dia nos tornaríamos marido e mulher estava séculos distante de mim. Depois nos perdemos de vista; e, quando nos encontramos de novo, não se parecia mais com Robert Donat, e sim com Balzac. Quando nos encontramos de novo, ainda usava aquelas camisas escocesas; mas agora elas pareciam, nele, indumentos para uma expedição polar; agora usava barba e, na cabeça, o desbeiçado chapeuzinho de lã; e tudo nele fazia pensar numa partida iminente para o polo Norte. Porque, mesmo sempre sentindo calor, ele costuma vestir-se como se estivesse cercado de neve, de gelo e de ursos-brancos; ou então se veste como um plantador de café no Brasil; mas sempre se veste diferente de toda a gente.

Se lhe recordo aquele nosso antigo passeio pela via Nazionale, ele diz que se lembra, mas eu sei que está mentindo e não se lembra de nada; às vezes me pergunto se éramos nós, aquelas duas pessoas, quase vinte anos atrás pela via Nazionale; duas pessoas que conversaram tão gentilmente, civilizadamente, no sol que se punha; que talvez tenham falado um pouco de tudo, e de nada; dois amáveis conversadores, dois jovens intelectuais a passeio; tão jovens, tão educados, tão distraídos, tão dispostos a fazer um do outro um juízo distraidamente benévolo; tão dispostos a despedir-se um do outro para sempre, naquele pôr do sol, naquela esquina de rua.

SEGUNDA PARTE

O filho do homem

Houve a guerra e vimos desmoronar muitas casas e agora não nos sentimos mais seguros em casa como antes, quando estávamos quietos e seguros. Há algo de que não se cura, e os anos vão passando, mas não nos curamos nunca. Quem sabe teremos de novo uma luminária sobre a mesa e um vaso de flores e os retratos dos nossos queridos, mas não acreditamos mais em nenhuma dessas coisas, porque antes tivemos de abandoná-las de repente ou as procuramos em vão entre os escombros.

É inútil acreditar que podemos sair curados de vinte anos como aqueles que passamos. Os que foram perseguidos nunca mais reencontrarão a paz. Um toque insistente de campainha à noite não pode significar outra coisa para nós que não a palavra "delegacia". E é inútil dizer e repetir a nós mesmos que por trás da palavra "delegacia" agora talvez haja rostos amigáveis, a quem poderíamos pedir proteção e assistência. Em nós essa palavra sempre provoca desconfiança e assombro. Se observo meus meninos dormindo, penso com alívio que não precisarei acordá-los no meio da noite para fugir. Mas não é um alívio pleno e profundo. Sempre acho que mais cedo ou mais tarde precisaremos nos levantar de novo na noite e escapar e deixar tudo para trás, quartos quietos e cartas e lembranças e roupas.

Uma vez sofrida, jamais se esquece a experiência do mal. Quem viu as casas desabando sabe muito bem quanto são precários os vasos de flor, os quadros, as paredes brancas. Sabe muito bem de que é feita uma casa. Uma casa é feita de tijolos e argamassa, e pode desabar. Uma casa não é tão sólida. Pode desabar de um momento para outro. Atrás dos serenos vasos de flor, atrás das chaleiras, dos tapetes, dos pavimentos lustrosos de cera há o outro vulto verdadeiro da casa, o vulto atroz da casa caída.

Não nos curaremos nunca desta guerra. É inútil. Jamais seremos gente tranquila, gente que pensa e estuda e modela sua vida em paz. Vejam o que aconteceu com nossas casas. Vejam o que aconteceu com a gente. Nunca vamos ser gente sossegada.

Conhecemos a realidade em sua face mais terrível. Mas já nem sentimos mais desgosto. Ainda há alguns que se queixam de que os escritores se servem de uma linguagem amarga e violenta, que contam coisas duras e tristes, que apresentam a realidade em seus termos mais desolados.

Nós não podemos mentir nos livros, nem podemos mentir em nenhuma das coisas que fazemos. E talvez este seja o único bem que nos veio da guerra. Não mentir e não tolerar que os outros mintam a nós. Assim somos, os jovens de agora, assim é a nossa geração. Os mais velhos ainda são muito apegados à mentira, aos véus e às máscaras que recobrem a realidade. Nossa linguagem os entristece e ofende. Não entendem nossa atitude diante da realidade. Nós estamos perto da substância das coisas. Esse é o único bem que a guerra nos deu, mas só nos deu a nós, jovens. Aos outros, mais velhos que nós, a guerra só trouxe insegurança e medo. E também nós, os jovens, temos medo, também nós nos sentimos inseguros em nossas casas, mas não estamos indefesos diante desse medo. Temos uma dureza e uma força que os outros, antes de nós, jamais conheceram.

Para alguns a guerra só começou com a guerra, com as casas desmoronadas e os alemães, mas para outros ela começou antes, desde os primeiros anos do fascismo, e por isso a sensação de insegurança e de permanente perigo é ainda maior. O perigo, a sensação de precisar se esconder, a sensação de precisar deixar de repente o calor da cama e das casas, começou, para tantos de nós, há muitos anos. Insinuou-se nas diversões juvenis, nos acompanhou nos bancos de escola e nos ensinou a ver inimigos em todo lado. Assim foi para muitos de nós, na Itália e em outros lugares, e se acreditava que um dia poderíamos caminhar em paz pelas ruas de nossas cidades; mas hoje, quando talvez possamos caminhar em paz, hoje nos damos conta de que não nos curamos daquele mal. Assim somos constrangidos a buscar sempre novas forças, sempre uma nova dureza para contrapor a qualquer realidade. Somos impelidos a buscar uma serenidade interior que não nasce dos tapetes e dos vasos de flor.

Não há paz para o filho do homem. As raposas e os lobos têm seus covis, mas o filho do homem não tem onde pousar a cabeça. Nossa geração é uma geração de homens. Não é uma geração de raposas e de lobos. Cada um de nós teria grande vontade de pousar a cabeça em algum lugar, cada um gostaria de ter uma pequena toca enxuta e aquecida. Mas não há paz para os filhos dos homens. Cada um de nós uma vez na vida se iludiu achando que podia dormir sobre qualquer coisa, apossar-se de uma certeza qualquer, de uma fé qualquer, e então repousar o corpo. Mas todas as certezas de antes nos foram arrancadas, e a fé jamais será algo em que enfim se possa mergulhar no sono.

E agora somos gente sem lágrimas. O que comovia nossos pais já não nos comove nada. Nossos pais e as pessoas mais velhas que nos reprovam pelo modo como criamos os meninos. Queriam que mentíssemos aos nossos filhos como eles mentiam a nós. Queriam que nossas crianças se divertissem com bonecos de pelúcia em graciosos cômodos pintados de rosa, com arvorezinhas e coelhos estampados nas paredes. Queriam que cercássemos de véus e de mentiras a infância deles, que lhes ocultássemos cuidadosamente a realidade em sua verdadeira substância. Mas nós não podemos fazer isso. Não podemos fazer isso com crianças que acordamos no meio da noite e vestimos ansiosamente no escuro, para fugir ou nos esconder ou porque a sirene de alarme rasgava o céu. Não podemos fazer isso com crianças que viram o assombro e o horror em nossa cara. Não podemos começar a contar a essas crianças que elas foram trazidas pela cegonha, ou lhes dizer que os mortos partiram numa longa viagem.

Há um abismo intransponível entre nós e as gerações anteriores. Os perigos que eles corriam eram irrisórios, e suas casas só desmoronavam muito raramente. Terremotos e incêndios não eram fenômenos que se verificassem com frequência e para todos. As mulheres tricotavam malhas, ordenavam o almoço à cozinheira e recebiam as amigas em casas que não desabavam. Cada qual meditava e estudava e esperava organizar sua vida em paz. Era um outro tempo, e talvez se vivesse bem. Mas nós estamos atados a esta nossa angústia e, no fundo, satisfeitos com nosso destino de homens.

O meu ofício

O meu ofício é escrever, e sei bem disso há muito tempo. Espero não ser mal-entendida: não sei nada sobre o valor daquilo que posso escrever. Sei que escrever é o meu ofício. Quando me ponho a escrever, sinto-me extraordinariamente à vontade e me movo num elemento que tenho a impressão de conhecer extraordinariamente bem: utilizo instrumentos que me são conhecidos e familiares e os sinto bem firmes em minhas mãos. Se faço qualquer outra coisa, se estudo uma língua estrangeira, se tento aprender história ou geografia ou estenografia ou se tento falar em público ou tricotar uma malha ou viajar, sofro e me pergunto continuamente como é que os outros conseguem fazer essas coisas, e sempre acho que deve haver um modo certo de fazer essas mesmas coisas, um modo que os outros conhecem e que eu desconheço. E tenho a impressão de ser cega e surda e sinto como uma náusea dentro de mim. Já quando escrevo nunca penso que talvez haja um modo mais correto, do qual os outros escritores se servem. Não me importa nada o modo dos outros escritores. O fato é que só sei escrever histórias. Se tento escrever um ensaio de crítica ou um artigo sob encomenda para um jornal, a coisa sai bem ruim. O que escrevo nesses casos, tenho de ir buscar penosamente fora de mim. Posso fazê-lo um pouco melhor do que estudar uma língua estrangeira ou falar em público, mas só um pouco melhor. E sempre tenho a sensação de enganar o próximo com palavras tomadas de empréstimo ou furtadas aqui e ali. E sofro e me sinto em exílio. Entretanto, quando escrevo histórias, sou como alguém que está em seu país, nas ruas que conhece desde a infância, entre as árvores e os muros que são seus. O meu ofício é escrever histórias, coisas inventadas ou coisas que recordo de minha vida, mas sempre histórias, coisas que não têm a ver com a cultura, mas somente com a memória e a fantasia. Este é o meu ofício, e eu o farei até a morte. Estou muito contente com este ofício e não o trocaria por nada no mundo. Compreendi que era meu ofício muito tempo atrás. Entre os cinco e os dez anos ainda tinha dúvidas e às vezes imaginava que podia pintar, ou conquistar países a cavalo, ou inventar novas máquinas muito importantes. Mas a partir dos dez anos eu soube, e empenhei-me como pude em romances e poemas. Ainda tenho aqueles poemas. Os primeiros são desajeitados e com versos errados, mas bastante divertidos: no entanto, à medida que o tempo passava, fazia poemas cada vez menos canhestros, mas sempre mais tediosos e idiotas. Mas não sabia disso e me envergonhava dos poemas desajeitados, enquanto os não tão canhestros, mas idiotas, me pareciam lindos, e eu sempre pensava que um dia ou outro algum poeta famoso os descobriria e publicaria e escreveria longos artigos sobre mim, chegava a imaginar palavras e frases daqueles artigos e os escrevia dentro de mim por inteiro. Pensava que ganharia o prêmio Fracchia. Tinha ouvido dizer que havia esse prêmio para os escritores. Não podendo publicar meus poemas em livro, visto que na época não conhecia nenhum poeta famoso, eu os copiava com capricho num caderno e desenhava uma florzinha no frontispício e fazia um sumário e tudo mais. Para mim, escrever poemas se tornara muito fácil. Criava quase um por dia. Percebera que, se não tivesse vontade de escrever, bastava ler uns poemas de Pascoli ou de Gozzano ou de Corazzini para logo recuperar a vontade. Eles me vinham ou pascolianos, ou gozzanianos, ou corazzinianos, e por último muito dannunzianos, quando descobri que ele também existia. Mas nunca pensei que escreveria poemas por toda a vida, mais cedo ou mais tarde eu queria escrever romances. Escrevi três ou quatro naqueles anos. Havia um intitulado *Marion ou a ciganinha* e outro intitulado *Molly e Dolly* (policial e cômico) e outro intitulado *Uma mulher* (dannunziano; em segunda pessoa; história de uma mulher abandonada pelo marido: lembro até que havia uma cozinheira negra) e depois um muito longo e complicado, com histórias terríveis de garotas raptadas e de carroças, eu tinha até medo de escrevê-lo quando estava sozinha em casa: não me lembro de nada, lembro apenas que havia uma frase que me agradava muitíssimo e me vieram lágrimas aos olhos quando a escrevi: "Ele disse: Ah, Isabella parte!". O capítulo terminava com esta frase, que era muito importante porque quem a pronunciava era o homem que estava apaixonado por Isabella, mas sem saber, pois ainda não tinha confessado a si mesmo. Não lembro nada daquele homem, acho que tinha uma barba ruiva, enquanto Isabella tinha longos cabelos negros com reflexos azulados, só sei isso: sei que por muito tempo senti um arrepio de contentamento quando repetia para mim: "Ah, Isabella parte!". Também repetia frequentemente uma frase que encontrara num romance de folhetim publicado na *Stampa* e que dizia assim: "Assassino de Gilonne, onde você pôs o meu menino?". Mas eu não estava tão segura dos meus romances quanto dos poemas. Relendo-os, sempre descobria neles um lado fraco, algo de errado, que arruinava tudo e eu não conseguia modificar. Enquanto isso eu patinava sempre entre o moderno e o antigo, não conseguia localizá-los bem no tempo: em parte havia conventos e carroças e um ar de Revolução Francesa, e em parte havia policiais com cassetetes; e de repente despontava uma pequena burguesia cinzenta, com máquinas de costura e gatos, como nos livros de Carola Prosperi, e isso ficava muito mal ao lado das carroças e dos conventos. Eu vagueava entre Carola Prosperi, Victor Hugo e as histórias de Nick Carter, sem saber muito bem o que queria fazer. Também adorava Annie Vivanti. Há uma frase nos Divoratori, quando ela escreve ao desconhecido e lhe diz: "Minha veste é escura". Esta também é uma frase que repeti muito tempo para mim. Durante o dia, murmurava estas frases que me agradavam tanto: "Assassino de Gilonne", "Isabella parte", "minha veste é escura", e me sentia imensamente feliz.

Escrever poemas era fácil. Meus poemas me agradavam muito, me pareciam quase perfeitos. Não entendia qual a diferença entre eles e os poemas verdadeiros, publicados, dos verdadeiros poetas. Não entendia por que, quando os mostrava a meus irmãos, eles davam risinhos e me diziam que seria melhor se eu estudasse grego. Pensava que meus irmãos talvez não entendessem tanto de poesia. Enquanto isso, eu devia ir à escola e estudar grego, latim, matemática, história, sofrendo muito e me sentindo exilada. Passava dias inteiros escrevendo meus poemas e copiando-os nos cadernos, sem fazer as lições, e por isso ajustava o despertador para as cinco da manhã. O despertador tocava, mas eu não acordava. Acordava às sete, quando não havia mais tempo de estudar e eu precisava me vestir para ir à escola. Não me sentia bem, tinha sempre um medo enorme e um sentimento de culpa e de desordem. Na escola, na hora do latim eu estudava história, na hora de história, o grego, sempre assim, e não aprendia nada. Por um bom tempo achei que valesse a pena, porque meus poemas eram muito bonitos, mas a certa altura passei a duvidar de que fossem tão belos assim, e comecei a me aborrecer ao escrevê-

-los, a buscar assuntos com esforço, tinha a impressão de já ter esgotado todos os assuntos possíveis, de já ter usado todas as palavras e rimas: esperança lembrança, pensamento encantamento, vento argento, bonança esperança. Não encontrava mais nada a dizer. Então começou um período péssimo para mim, e passava as tardes a ciscar entre palavras que já não me davam nenhum prazer, com um sentimento de culpa e vergonha em relação à escola; nunca me passava pela cabeça a hipótese de ter errado de ofício, escrever era o que eu queria, mas simplesmente não entendia por que de repente os dias para mim se tornaram tão áridos e pobres de palavras.

A primeira coisa séria que escrevi foi um conto. Um conto curto, de cinco ou seis páginas: saiu de mim como um milagre, numa noite, e quando finalmente fui dormir estava exausta, atônita, estupefata. Tive a impressão de que era uma coisa séria, a primeira que fiz: os poemas e os romances com as garotas e as carroças de repente me pareciam muito distantes, numa época desaparecida para sempre, criaturas ingênuas e ridículas de uma outra era. Nesse novo conto havia personagens. Isabella e o homem da barba ruiva não eram personagens: eu não sabia nada sobre eles além das frases e das palavras de que me servira a seu respeito, e eles eram confiados ao acaso e ao estro de minha vontade. As palavras e frases de que me servira para eles foram pescadas assim, ao acaso: era como se eu tivesse um saco e fosse tirando dele ora uma barba, ora uma cozinheira negra ou outra coisa que se pudesse usar. Dessa vez, porém, não tinha sido um jogo. Dessa vez inventara pessoas com nomes que eu mesma não poderia mudar: não poderia modificar nada deles e sabia uma porção de detalhes sobre suas vidas, sabia como tinha sido sua existência até o dia da narrativa, se bem que eu não tivesse falado disso no conto, porque não tinha sido necessário. E sabia tudo da casa e da ponte e da lua e do rio. Tinha dezessete anos de idade e fora reprovada em latim, em grego e em matemática. Chorei muito quando soube disso. Mas agora, que tinha escrito o tal conto, sentia menos vergonha. Era verão, uma noite de verão. A janela estava aberta sobre o jardim, e borboletas escuras voavam em torno da lâmpada. Tinha escrito meu conto em papel quadriculado e me sentira feliz como jamais acontecera em minha vida, repleta de pensamentos e de palavras. O homem se chamava Maurizio e a mulher se chamava Anna e o menino se chamava Villi e havia também a ponte e a lua e o rio. Essas coisas existiam em mim. E o homem e a mulher não eram bons nem maus, mas cômicos e um tanto miseráveis, e então me pareceu que era assim que sempre deveriam ser as pessoas nos livros, cômicas e miseráveis, tudo junto. Achei aquele conto bom, por onde quer que o analisasse: não havia nenhum erro, tudo acontecia no tempo e no momento justo. Agora tinha a impressão de que poderia escrever milhões de contos.

E de fato escrevi certo número deles, a intervalos de um ou dois meses, alguns muito bonitos e outros não. Então descobri que nos cansamos quando escrevemos uma coisa a sério. Se não nos cansamos, é um mau sinal. Não se pode esperar escrever algo sério assim, na flauta, com um pé nas costas, borboleteando leve por aí. Quando alguém escreve uma coisa séria, mergulha dentro dela, se afunda até os olhos; e, se tem sentimentos muito fortes, que lhe inquietam o coração, se é muito feliz ou muito infeliz por alguma razão, digamos, mundana, que não tem nada a ver com aquilo que está escrevendo, então, se o que escreve é válido e digno de vida, qualquer outro sentimento se apaga nele. Ele não pode pretender conservar intacta e fresca sua cara felicidade, ou sua cara infelicidade, tudo se distancia e some e ele está só com a sua página, nenhuma felicidade ou infelicidade pode subsistir nele se não estiver estritamente ligada a essa página, não possui outra coisa nem pertence a ninguém e, se não for assim, então é sinal de que sua página não vale nada.

    Portanto escrevi contos breves por certo período, um período que durou cerca de seis anos. Como eu tinha descoberto a existência de personagens, parecia-me que ter um personagem bastava para fazer um conto. Assim eu andava sempre à cata de personagens, olhava as pessoas no bonde e pelas ruas e, quando topava com uma cara que me parecia adequada para figurar em um conto, tecia em torno dela particularidades morais e uma pequena história. Também buscava detalhes sobre a vestimenta e o aspecto das pessoas, ou sobre os interiores das casas e outros lugares; se entrava num aposento novo, me esforçava em descrevê-lo no pensamento e tentava achar algum detalhe miúdo que combinasse bem num conto. Mantinha um caderninho no qual escrevia certos detalhes que eu ia descobrindo ou pequenas comparações ou episódios que me prometia inserir nos contos. Por exemplo, escrevia assim no caderninho: "Ele saía do banheiro arrastando atrás de si a faixa do roupão como uma longa cauda"; "Como fede a latrina desta casa — lhe disse a menina. Quando vou ao banheiro, não respiro nunca — acrescentou tristemente"; "Seus caracóis como cachos de uva"; "Cobertas vermelhas e pretas sobre a cama desfeita"; "A face pálida como uma batata descascada". Porém descobri que dificilmente essas frases me serviam quando escrevia um conto. O caderno se tornava uma espécie de museu de frases, todas cristalizadas e embalsamadas, muito dificilmente utilizáveis. Tentei infinitas vezes meter em algum conto as cobertas vermelhas e pretas ou os caracóis como cachos de uva, e jamais consegui. Portanto o caderninho não podia servir. Então compreendi que não existe poupança neste meu ofício. Se alguém pensa "este detalhe é bonito e não quero gastá-lo no conto que estou escrevendo agora, aqui já tem muita coisa bonita, vou poupá-lo para outro conto que escreverei", então o detalhe se cristaliza dentro dele e perde toda serventia. Quando alguém escreve um conto, deve pôr dentro dele o melhor que possuiu e que viu, o melhor que recolheu da vida. E os detalhes se consomem e estragam quando os levamos conosco sem usá-los por muito tempo. Não somente os detalhes, mas tudo, todos os achados e todas as ideias. Na época em que escrevia meus contos breves, com o gosto das personagens bem resolvidas e dos detalhes minuciosos, naquela época vi certa vez passar pela rua um carreto com um espelho em cima, um grande espelho de moldura dourada. Nele se refletia o céu verde da tarde, e eu parei para olhá-lo enquanto passava, com uma grande felicidade e a sensação de que algo de importante estava acontecendo. Sentia-me muito feliz, inclusive antes de ver o espelho, e de repente me pareceu que ali passava a imagem de minha própria felicidade, o espelho verde e resplandecente em sua moldura dourada. Por muito tempo pensei que colocaria isso em algum conto, por muito tempo recordar o carreto com o espelho em cima me dava vontade de escrever. Mas nunca pude inseri-lo em nenhum lugar, e a certa altura me dei conta de que ele morrera em mim. E no entanto foi muito importante. Porque na época em que eu escrevia meus contos curtos, sempre me detinha em pessoas e coisas cinzentas e esquálidas, buscava uma realidade desprezível e sem glória. Naquele gosto que eu tinha de vasculhar detalhes miúdos havia certa malignidade de minha parte, um interesse ávido e mesquinho pelas coisas pequenas, pequenas como pulgas, era uma obstinada e tagarela procura por pulgas de minha parte. O espelho sobre o carreto pareceu abrir-me possibilidades novas, talvez a faculdade de ver uma realidade mais gloriosa e resplandecente, uma realidade mais feliz, que não demandava meticulosas descrições e achados astutos, mas podia realizar-se numa imagem resplandecente e feliz.

Naqueles contos breves que eu escrevia, havia personagens

que no fundo eu desprezava. Como tinha descoberto que era bom que uma personagem fosse miserável e cômica, à força de comicidade e de comiseração fazia delas indivíduos tão desprezíveis e carentes de glória que eu mesma não conseguia amá-las. Aquelas minhas personagens tinham sempre tiques ou manias ou uma deformidade física ou um vício meio grotesco; tinham um braço quebrado e pendurado ao pescoço numa tipoia ou tinham terçol ou eram gagas ou coçavam a bunda ao falar ou mancavam um pouco. Sempre precisei caracterizá-las de alguma maneira. Para mim era um meio de escapar ao temor de que resultassem incertas, de captar uma humanidade da qual inconscientemente eu duvidava. Porque na época eu não entendia — mas no período do espelho sobre o carreto eu começava confusamente a entender — que não se tratava mais de personagens, mas de fantoches, muito bem pintados e semelhantes a homens de verdade, mas fantoches. Ao inventá-los, logo os caracterizava, marcava-os com um particular grotesco, e nisso havia certa maldade, havia em mim, então, como um ressentimento maligno diante da realidade. Não era um ressentimento fundado em alguma coisa vivida, porque na época eu era uma jovem feliz, mas nascia como reação à ingenuidade, se tratava daquele específico ressentimento que é a defesa da pessoa ingênua, sempre levada a crer que está sendo zombada, do camponês que chegou há pouco à cidade e vê ladrões por todo lado. A princípio eu me orgulhava disso, porque me parecia um grande triunfo da ironia contra a ingenuidade e contra aqueles abandonos patéticos da adolescência que se notavam em tantos de meus poemas. A ironia e a maldade me pareciam armas muito importantes ao meu alcance; achava que me seriam úteis para escrever como um homem, tinha horror que percebessem que eu era uma mulher pelas coisas que escrevia. Fazia quase sempre personagens masculinas, para que fossem o mais possível distantes e separadas de mim.

Eu me tornara bastante hábil em esquadrinhar um conto, em varrer dele todas as coisas inúteis, em decantar os detalhes e as falas no momento certo. Escrevia contos secos e lúcidos, bem conduzidos do início ao fim, sem desarranjos, sem erros de tom. Mas ocorreu que a certa altura eu me vi cansada. Os rostos das pessoas nas ruas não me diziam mais nada de interessante. Uns tinham terçol, outros tinham um chapéu torto para trás e outros tinham uma echarpe em lugar da camisa, mas nada disso me importava mais. Estava cansada de olhar as coisas e as pessoas e de descrevê-las no pensamento. O mundo se calava para mim. Eu não encontrava mais palavras para descrevê-lo, não tinha mais palavras que me dessem aquele prazer. Não possuía mais nada. Tentava me lembrar do espelho, mas ele também estava morto em mim. Levava cá dentro um fardo de coisas embalsamadas, faces mudas e palavras de cinza, países e vozes e gestos que não vibravam, que pesavam mortos em meu peito. E depois nasceram meus filhos e, de início, quando eles eram muito pequenos, eu não conseguia entender como era possível escrever tendo filhos. Não entendia como seria possível me separar deles para seguir um fulano em um conto. Comecei a desprezar meu ofício. Às vezes sentia uma desesperada saudade dele, me sentia em exílio, mas me esforçava em desprezá-lo e denegri-lo para cuidar apenas dos meninos. Achava que devia agir assim. Passei a preocupar-me com a papa de arroz e a papa de cevada, se havia sol ou se não havia sol, se ventava ou não quando ia levar os meninos para passear. As crianças me pareciam algo muito importante para que eu me desviasse atrás de estúpidas histórias e de estúpidas personagens embalsamadas. Mas sentia uma feroz nostalgia e às vezes, à noite, quase chorava ao lembrar como meu ofício era belo. Pensava que algum dia mais cedo ou mais tarde o recuperaria, mas não sabia quando: achava que deveria esperar que meus filhos se tornassem adultos e fossem embora de mim. Porque o que eu sentia por meus filhos naquela época era uma coisa que eu ainda não tinha aprendido a dominar. Mas depois, pouco a pouco, aprendi. Nem precisei de muito tempo. Ainda preparava o molho de tomate e a semolina, mas ao mesmo tempo pensava em coisas para escrever. Na época estávamos numa cidadezinha muito bonita do sul. Fazia-me lembrar das ruas e colinas de minha cidade, e aquelas ruas e colinas se uniam às ruas e colinas e campos do povoado onde estávamos agora, e disso nascia uma natureza nova, algo que eu podia amar de novo. Tinha saudades de minha cidade e amava-a muito na lembrança, amava-a e entendia seu sentido como talvez nunca acontecera quando morava nela, e também amava a cidade onde estávamos agora, um povoado branco e cheio de pó no sol do sul, largos campos de relva híspida e seca se estendiam sob minhas janelas, e no meu coração soprava forte a lembrança das alamedas de minha cidade, dos plátanos e das casas altas, e tudo isso pegava fogo alegremente dentro de mim, e eu tinha muita, muita vontade de escrever. Escrevi um conto longo, o mais longo que já tinha escrito. Recomeçava a escrever como alguém que nunca havia escrito, porque fazia muito tempo que não escrevia, e as palavras estavam como que lavadas e frescas, tudo estava de novo como que intacto e cheio de sabor e de cheiros. Escrevia à tarde, quando meus meninos iam passear com uma garota do povoado, escrevia com avidez e alegria, e era um outono belíssimo e todo dia eu me sentia muito feliz. No conto inseri um tanto de gente inventada e um tanto de gente verdadeira, dali da cidade; e também me ocorriam certas palavras que sempre diziam lá, e que antes eu desconhecia, certas imprecações e modos de dizer: e essas novas palavras fermentavam e cresciam e davam vida a todas as palavras velhas. A personagem principal era uma mulher, mas muito diferente de mim. Agora já não desejava tanto escrever como um homem, porque tinha tido meus meninos e tinha a sensação de saber muitas coisas sobre o molho de tomate, e ainda que não as colocasse no conto, sempre era bom que soubesse disso para meu ofício: de um modo misterioso e remoto, isso também servia ao meu ofício. Parecia-me que as mulheres sabiam sobre seus filhos coisas que um homem nunca poderá saber. Escrevia meu conto muito depressa, como que com medo de que escapasse de mim. Eu o chamava de romance, mas talvez não fosse um romance. De resto, até então sempre me acontecera de escrever depressa, e coisas bastante breves: e a certa altura, acho que até entendi por quê. Porque tenho irmãos bem mais velhos que eu, e quando era pequena, se eu falasse na mesa, sempre me mandavam ficar calada. Assim me habituei a dizer sempre as coisas muito depressa, de um jato só e com o menor número possível de palavras, sempre com medo de que os outros recomeçassem a falar entre si e deixassem de me escutar. Pode parecer uma explicação meio tola: no entanto, deve ter sido exatamente assim.

Já disse que então, quando escrevia o que eu chamava de romance, foi uma época muito feliz para mim. Nunca havia acontecido nada de grave em minha vida, eu desconhecia a doença, a traição, a solidão, a morte. Nada nunca havia desmoronado em minha vida, somente coisas fúteis, nada que me fosse caro ao coração me fora arrancado. Tinha sofrido apenas ociosas melancolias da adolescência e a dificuldade de não saber como escrever. Naquela época eu era feliz de um modo pleno e tranquilo, sem medo e sem ânsia, e com uma total confiança na estabilidade e na consistência da felicidade no mundo. Quando somos felizes, nos sentimos mais frios, mais lúcidos e distanciados de nossa realidade. Quando somos felizes, tendemos a criar personagens muito diferentes de nós, a vê-los na luz gélida das coisas estranhas, afastamos os olhos de nossa alma feliz e saciada e os fixamos sem caridade nos outros seres, sem caridade, com um julgamento sardônico e cruel, irônico e arrogante, enquanto a fantasia e a energia inventiva agem com força em nós. Conseguimos facilmente criar personagens, muitas personagens, fundamentalmente diversas de nós, e conseguimos criar histórias solidamente construídas e como que desidratadas sob uma luz clara e fria. O que nos falta nesses casos, quando somos felizes daquela específica felicidade sem lágrimas, sem ânsia e sem medo, o que nos falta é uma relação íntima e terna com as nossas personagens, com os lugares e as coisas que contamos. O que nos falta é caridade. Aparentemente somos muito mais generosos, no sentido de que sempre encontramos força para nos interessar pelos outros, para prodigalizar aos outros os nossos cuidados, sem nos ocuparmos tanto de nós mesmos, já que não precisamos de nada. Mas esse nosso interesse pelos outros — tão carente de ternura — não percebe senão poucos aspectos bastante exteriores dessas pessoas. O mundo tem uma só dimensão para nós, nele não há segredos nem sombras, conseguimos adivinhar e criar a dor que desconhecemos em virtude da força fantasiosa de que somos animados, mas o vemos sempre sob aquela luz estéril e gélida das coisas que não nos pertencem, que não têm raízes dentro de nós.

Nossa felicidade ou infelicidade pessoal, nossa condição *terrestre*, tem uma grande importância em relação àquilo que escrevemos. Disse antes que, no momento em que alguém escreve, é miraculosamente impelido a ignorar as circunstâncias presentes da própria vida. Certamente é assim. Mas ser feliz ou infeliz nos leva a escrever de maneiras distintas. Quando somos felizes, nossa fantasia tem mais força; quando somos infelizes, então é nossa memória que age com mais vivacidade. O sofrimento torna a fantasia fraca e preguiçosa; ela se move, mas desinteressadamente e com langor, com o movimento frágil dos doentes, com o cansaço e a cautela dos membros doloridos e febris; é difícil afastarmos o olhar de nossa vida e de nossa alma, da sede e da inquietude que nos invade. Nas coisas que escrevemos afloram então contínuas lembranças do nosso passado, nossa própria voz ressoa continuamente, e não conseguimos impor-lhe o silêncio.

Entre nós e as personagens que inventamos, que nossa fantasia lânguida consegue apesar de tudo inventar, nasce uma relação peculiar, terna e quase maternal, uma relação quente e umedecida de lágrimas, de uma intimidade carnal e sufocante. Temos raízes profundas e dolorosas em cada ser e em cada coisa do mundo, do mundo que se tornou repleto de ecos, de soluços e de sombras, ao qual somos ligados por uma devota e apaixonada piedade. Nosso risco então é naufragar num escuro lago de águas mortas e estagnadas, arrastando conosco as criaturas do nosso pensamento, deixando-as perecer conosco no abismo tépido e escuro, entre ratos mortos e flores apodrecidas. Diante das coisas que escrevemos, há um perigo na dor, assim como há um perigo na felicidade. Porque a beleza poética é uma mistura de crueldade, de soberba, de ironia, de ternura carnal, de fantasia e de memória, de clareza e de obscuridade e, se não conseguirmos obter todo esse conjunto, nosso resultado será pobre, precário, escassamente vital.

E, vejam bem, não é que se possa esperar da escrita um consolo para a tristeza. Não se pode cair na ilusão de embalar-se e confortar-se com o próprio ofício. Em minha vida houve intermináveis domingos desolados e desertos, em que eu desejava ardentemente escrever alguma coisa para me consolar da solidão e do tédio, para ser acariciada e embalada por frases e palavras. Mas não havia jeito de conseguir escrever uma linha sequer. Nessas horas meu ofício sempre me repeliu, não quis saber de mim. Porque este ofício nunca é um consolo ou uma distração. Não é uma companhia. Este ofício é um senhor, um senhor capaz de chicotear-nos até sangrar, um senhor que grita e condena. Devemos engolir a saliva e as lágrimas e apertar os dentes e enxugar o sangue de nossas feridas e servi-lo. Servi-lo quando ele ordena. Então é de grande ajuda estarmos de pé, mantermos os pés bem firmes na terra, nos ajuda a vencer a loucura e o delírio, o desespero e a febre. Mas quem quer comandar é ele, recusando-se sempre a nos dar a mão quando dele necessitamos.

Tive a oportunidade de conhecer bem a dor depois daquele tempo em que estive no sul, uma dor verdadeira, irremediável e intratável, que estraçalhou toda minha vida, e quando tentei remendá-la de algum modo vi que eu e minha vida tínhamos nos tornado algo irreconhecível. De imutável permanecia apenas meu ofício, mas também seria profundamente falso dizer que ele não mudou; os instrumentos eram ainda os mesmos, mas o modo como eu os usava era outro. De início o detestava, sentia asco, mas eu sabia que acabaria voltando a servi-lo, que ele ao final me salvaria. Assim às vezes me ocorreu pensar que não fui tão desgraçada na vida, que sou injusta quando acuso o destino e lhe nego toda benevolência quanto a mim, porque ele me deu três filhos e meu ofício. De resto, não poderia nem sequer imaginar minha vida sem este ofício. Ele sempre esteve ali, nunca me deixou nem por um momento, e, mesmo quando eu pensava que estivesse adormecido, seu olho vigilante e luminoso me velava.

Assim é meu ofício. Dinheiro, vejam, ele não rende muito; aliás, sempre é preciso fazer simultaneamente algum outro trabalho para viver. Contudo, às vezes ele rende um pouco, e ter dinheiro por sua própria virtude é uma coisa muito boa, como receber dinheiro e presentes das mãos do ser amado. Assim é meu ofício. Não sei muito — torno a dizer — sobre o valor dos resultados que me deu e que ainda poderá dar: ou melhor, dos resultados já obtidos conheço o valor relativo, certamente não o absoluto. Quando escrevo algo, frequentemente penso que aquilo é muito importante e que eu sou uma grande escritora. Acho que acontece com todos. Mas há um cantinho de minha alma onde sempre sei muito bem o que sou, isto é, uma pequena, pequena escritora. Juro que sei. Mas não me importa muito. Simplesmente não quero pensar em nomes; percebi que, se me perguntarem "um pequeno escritor como quem?", fico triste ao pensar nos nomes de outros pequenos escritores. Prefiro acreditar que ninguém nunca foi como eu, por menor que tenha sido, por mais que eu seja um mosquito ou uma pulga de escritora. O que é importante é ter a convicção de que se trata de um autêntico ofício, uma profissão, uma coisa que será feita por toda a vida. E, sendo um ofício, não é uma brincadeira. Há inumeráveis perigos além dos que já citei. Somos continuamente ameaçados por graves perigos já no ato de preencher nossa página. Há o perigo de começarmos a tentar seduzir e a cantar de repente. Sempre tenho uma vontade louca de começar a cantar, devo ficar muito atenta para não fazer isso. E há o perigo de ludibriar com palavras que de fato não existem em nós, que pescamos por acaso fora de nós e que enfileiramos com destreza porque nos tornamos muito espertos. Há o perigo de bancar o esperto e de enganar. Como veem, trata-se de um ofício bastante complicado: mas é o melhor que há no mundo. Os dias e os casos de nossas vidas, os dias e os casos da vida dos outros a que assistimos, leituras e imagens e pensamentos e discursos, tudo isso o sacia e cresce dentro de nós. É um ofício que também se nutre de coisas horríveis, devora o melhor e o pior de nossas vidas, tanto nossos sentimentos ruins quanto os sentimentos bons correm em seu sangue. Nutre-se e cresce em nós.

Silêncio

Ouvi *Pelléas et Mélisande*. Não entendo nada de música. Apenas me ocorreu comparar as palavras dos velhos libretos de ópera ("Pago com meu sangue — o amor que depositei em ti"), palavras gordas, sangrentas, pesadas, com as palavras de *Pelléas et Mélisande* (*"J'ai froid — ta chevelure"*), palavras esquivas, aquáticas. Do cansaço, do desgosto por palavras grandes e sangrentas, nasceram estas palavras aquáticas, frias, esquivas.

Perguntei-me se não foi ela (*Pelléas et Mélisande*) o princípio do silêncio.

Porque entre os vícios mais estranhos e mais graves de nossa época deve-se mencionar o silêncio. Aqueles entre nós que, hoje, experimentaram escrever um romance conhecem o mal-estar e a infelicidade que se instalam quando chega o momento de fazer as personagens falarem entre si. Por páginas e páginas nossas personagens trocam umas poucas observações insignificantes, mas carregadas de uma desolada tristeza: "Está com frio?", "Não, não estou com frio". "Quer um pouco de chá?", "Não, obrigado." "Está cansado?", "Não sei. Sim, talvez esteja um pouco cansado." Nossas personagens falam assim. Falam assim para enganar o silêncio. Falam assim porque não sabem mais como falar. Pouco a pouco vão emergindo as coisas mais importantes, as confissões mais terríveis: "Você o matou?", "Sim, matei". Arrancadas dolorosamente ao silêncio, emergem as poucas e estéreis palavras de nossa época, como sinais de náufragos, fogos acesos entre colinas longínquas, frágeis e desesperados chamados que o espaço engole.

Então, quando queremos que nossas personagens falem entre si, aí medimos o profundo silêncio que se adensou pouco a pouco dentro de nós. Começamos a nos calar desde jovens, à mesa, diante dos nossos pais, que ainda nos falavam com aquelas velhas palavras sangrentas e pesadas. Ficávamos calados. Ficávamos calados em protesto e por desdém. Ficávamos calados para que nossos pais entendessem que suas palavras gordas não nos serviam mais. Tínhamos outras guardadas no estoque. Ficávamos calados e cheios de confiança em nossas novas palavras. Gastaríamos essas novas palavras mais tarde, com gente que as entenderia. Éramos ricos do nosso silêncio. Agora ele nos causa vergonha e desespero, e conhecemos toda sua miséria. Nunca mais nos libertamos dele. Aquelas grandes palavras velhas, que serviam aos nossos pais, são moeda fora de circulação e ninguém as aceita. Quanto às novas palavras, percebemos que não têm valor: com elas não se compra nada. Não servem para estabelecer relações, são aquáticas, frias, infecundas. Não nos servem para escrever livros, nem para manter ligada a nós uma pessoa querida, nem para salvar um amigo.

Entre os vícios de nossa época, sabe-se que há o sentimento de culpa: dele se fala e se escreve muito. Todos sofremos disso. Sentimo-nos dia a dia mais envolvidos em um negócio sujo. Já se falou também do sentimento de pânico: e também dele todos nós sofremos. O sentimento de pânico nasce do sentimento de culpa. E quem se sente assustado e culpado se cala.

Do sentimento de culpa, do sentimento de pânico, do silêncio, cada um tenta se curar a seu modo. Alguns se lançam em viagens. Na ânsia de conhecer países novos e gente diversa há a esperança de deixar para trás os próprios fantasmas turvos; há a secreta esperança de descobrir em algum ponto da Terra a pessoa que poderá falar conosco. Alguns se embebedam para esquecer os próprios fantasmas turvos e para poder falar. E depois há todas as coisas feitas só *para não ter de falar*: uns passam as noites dormindo numa sala de projeção, com a mulher ao lado, e assim não precisam conversar; uns aprendem a jogar bridge; uns fazem amor, o que também pode ser feito sem que se diga uma palavra. Frequentemente se diz que essas coisas se fazem *para passar o tempo*: na verdade, as fazemos para enganar o silêncio.

Existem duas espécies de silêncio: o silêncio com nós mesmos e o silêncio com os outros. Ambas as formas nos fazem igualmente sofrer. O silêncio com nós mesmos é dominado por uma violenta antipatia que nos toma pelo nosso próprio ser, pelo desprezo à nossa própria alma, tão vil que não merece que se lhe diga nada. É claro que é preciso romper esse silêncio nosso se quisermos tentar romper o silêncio com os outros. É claro que não temos nenhum direito de odiar nossa própria pessoa, nenhum direito de calar nossos pensamentos à nossa alma.

O meio mais difundido para liberar-se do silêncio é fazer psicanálise. Falar incessantemente de si a uma pessoa que escuta, que é paga para escutar; pôr a nu as raízes do próprio silêncio: sim, isso talvez possa dar um alívio momentâneo. Mas o silêncio é universal e profundo. O silêncio, o reencontramos assim que saímos pela porta do consultório onde aquela pessoa, paga para escutar, escutava. Imediatamente caímos nele de novo. Então aquele alívio de uma hora nos parece superficial e banal. O silêncio está sobre a Terra: que um só de nós se cure dele por uma hora não serve à causa comum.

Quando nos submetemos à psicanálise, nos dizem que devemos parar de odiar tão fortemente a nós mesmos. Porém, para nos liberarmos desse ódio, para nos liberarmos do sentimento de culpa, do sentimento de pânico, do silêncio, nos é sugerido viver segundo a natureza, nos abandonarmos ao nosso instinto, seguir nosso puro prazer: fazer da vida uma pura escolha. Mas fazer da vida uma pura escolha não é viver segundo a natureza, é viver contra a natureza, porque não é dado ao homem escolher sempre; o homem não escolheu a hora de seu nascimento, nem o próprio rosto, nem os próprios pais, nem a própria infância: o homem não escolhe, no mais das vezes, a hora de sua morte. O homem então só pode aceitar o próprio rosto, assim como só pode aceitar o próprio destino: e a única escolha que lhe é permitida é aquela entre o bem e o mal, entre o justo e o injusto, entre a verdade e a mentira. As coisas que os analistas a quem nos submetemos nos dizem não servem porque não levam em conta nossa responsabilidade moral, a única coisa que nos é consentida na vida: aqueles de nós que fazem análise sabem muito bem como aquela efêmera atmosfera de liberdade, que se gozava vivendo segundo nosso puro prazer, era uma atmosfera rarefeita, antinatural, decididamente irrespirável.

Frequentemente esse vício do silêncio que envenena nossa época é expresso com um lugar-comum: "Perdeu-se o gosto da conversação". É a expressão fútil, mundana, de algo verdadeiro e trágico. Ao dizermos "o gosto da conversação" nós não dizemos nada que nos ajude a viver: mas a possibilidade de uma relação livre e normal entre os homens, isto sim, nos falta, e nos falta a ponto de alguns de nós terem se matado pela consciência desta privação. O silêncio ceifa suas vítimas todo dia. O silêncio é uma doença mortal.

Jamais como hoje a sorte dos homens esteve tão estreitamente conectada, umas às outras, de modo que o desastre de um é o desastre de todos. Então se verifica este fato estranho: que os homens se encontram estreitamente ligados uns ao destino dos outros, de modo que a queda de um arrasta milhares de outros seres, e ao mesmo tempo todos estão sufocados pelo silêncio, incapazes de trocar uma palavra em liberdade. Por isso — porque o desastre de um é o desastre de todos — os meios que nos são oferecidos para nos curarmos do silêncio se revelam insubsistentes. Sugerem-nos que lancemos mão do egoísmo para nos defender do desespero. Mas o egoísmo nunca resolveu nenhum desespero. Estamos habituados até demais a chamar de *doenças* os vícios de nossa alma e a suportá-los, a nos deixar governar por eles, ou a mitigá-los com xaropes doces, tratá-los como se fossem doenças. O silêncio deve ser contemplado e julgado no âmbito da moral. Não nos é dado escolher ser feliz ou infeliz. Mas *é preciso* escolher não ser *diabolicamente* infeliz. O silêncio pode atingir uma forma de infelicidade fechada, monstruosa, *diabólica*: murchar os dias da juventude, tornar o pão amargo. Pode levar, como já se disse, à morte.

O silêncio deve ser contemplado e julgado no âmbito da moral. Porque o silêncio, assim como a acídia e a luxúria, é um pecado. O fato de que seja um pecado comum a todos os semelhantes de nossa época, de que seja o fruto amargo de nossa época malsã, não nos exime da obrigação de reconhecer sua natureza e de chamá-lo por seu verdadeiro nome.

As relações humanas

No centro da vida está o problema das nossas relações humanas: assim que nos tornamos conscientes disso, isto é, assim que se nos apresenta como um claro problema, e não mais como sofrimento confuso, começamos a procurar seus rastros e a reconstruir sua história ao longo de toda nossa vida.

Na infância, temos os olhos fixos sobretudo no mundo dos adultos, escuro e misterioso para nós. Ele nos parece absurdo, porque não compreendemos nada das palavras que os adultos trocam entre si, nem o sentido de suas decisões e ações, nem a causa de suas mudanças de humor e de suas cóleras repentinas. Não entendemos nem nos interessamos pelas palavras que os adultos trocam entre si, aliás, elas nos entediam infinitamente. O que nos interessa são as decisões que podem mudar o curso dos nossos dias, os maus humores que ofuscam almoços e jantares, a batida inesperada de portas e o estouro de vozes na noite. Compreendemos que a qualquer momento, de uma troca tranquila de palavras, pode desatar-se uma súbita tempestade, com barulho de portas que batem e de objetos arremessados. Espreitamos, inquietos, as mais mínimas inflexões violentas nas vozes que falam. Às vezes ocorre de estarmos sós e absortos num jogo, e de repente aquelas vozes de cólera se erguem na casa: continuamos mecanicamente a brincar, a meter pedrinhas e grama num montinho de terra para fazer uma colina: entretanto aquela colina já não nos importa nada, sentimos que não podemos ser felizes enquanto a paz não voltar à casa; as portas batem e nós estremecemos; palavras raivosas voam de um cômodo a outro, palavras incompreensíveis para nós; não tentamos entendê-las nem descobrir as razões obscuras que as ditaram, pensando confusamente que deverá tratar-se de razões horríveis: todo o absurdo mistério dos adultos pesa sobre nós. Quantas vezes isso complica nossas relações com o mundo das crianças que nos são próximas; quantas vezes estamos com um amigo que veio brincar, fazemos uma colina com ele, e uma porta que bate nos diz que a paz terminou; ardendo de vergonha, fingimo-nos muito interessados na colina, tentamos distrair a atenção do nosso amigo daquelas vozes selvagens a ressoar pela casa: com as mãos que de repente se tornaram moles e cansadas, fincamos acuradamente gravetos no monte de terra. Estamos absolutamente convencidos de que na casa do nosso amigo nunca se briga, nunca se gritam palavras selvagens; na casa do nosso amigo todos são educados e serenos, brigar é uma vergonha específica de nossa casa: depois, um dia, descobriremos com grande alívio que também se briga na casa do nosso amigo assim como na nossa, e talvez se brigue em todas as casas da Terra.

Entramos na adolescência quando as palavras que os adultos trocam entre si se tornam inteligíveis para nós; inteligíveis, mas sem importância, porque já nos tornamos indiferentes ao fato de que em nossa casa reine ou não a paz. Agora podemos seguir a trama das rusgas domésticas, prever seu curso e duração: e não nos assustamos mais com isso, as portas batem e não estremecemos; a casa já não é para nós o que era antes; não é mais o ponto de onde observamos todo o resto do universo, é um lugar onde por acaso comemos e moramos; comemos depressa, com um ouvido distraído às palavras dos adultos, palavras que agora entendemos, mas que nos parecem inúteis; comemos e fugimos correndo para o nosso quarto, para não ouvirmos todas aquelas palavras inúteis; e podemos ser muito felizes, mesmo que os adultos à nossa volta briguem e fiquem de cara amarrada por dias e dias. Tudo o que nos importa já não acontece entre as paredes de nossa casa, mas fora, na rua e no colégio: sentimos que não podemos ser felizes se no colégio os outros rapazes nos desprezarem um pouco. Faríamos qualquer coisa para nos salvarmos desse desprezo: fazemos qualquer coisa. Escrevemos poemetos cômicos para agradar a nossos colegas e os recitamos com caretas engraçadas, que depois nos dão vergonha; colecionamos palavras indecentes para que nos estimem um pouco, todo dia saímos à cata de palavras indecentes entre os livros e dicionários que temos em casa; e, como achamos que entre nossos colegas faz sucesso um modo de vestir vistoso e ostensivo, contra a vontade de nossas mães nós nos esforçamos por insinuar em nossas roupas sóbrias algo de vistoso e vulgar. Sentimos confusamente que, se nos desprezam, é sobretudo por culpa de nossa timidez; quem sabe talvez aquele momento longínquo, em que fazíamos uma colina de terra com nosso amigo e as portas batiam e vozes selvagens ressoavam e a vergonha nos queimava as bochechas, quem sabe aquele momento não lançou em nós as raízes da timidez?; e pensamos que precisaremos de uma vida inteira para nos libertarmos da timidez, para aprendermos a nos mover sob o olhar dos outros com a mesma segurança e displicência de quando estamos sozinhos. Nossa timidez nos parece o mais grave obstáculo para obter a simpatia e o consenso universais; e temos fome e sede desse consenso: em nossas fantasias solitárias, vemo-nos cavalgando triunfantes pela cidade, entre uma multidão que nos aclama e nos adora.

Em casa, aqueles adultos que por tantos anos nos foram um peso com seu mistério absurdo, agora os castigamos com um profundo desprezo, com o mutismo e a impenetrabilidade do nosso rosto; por muitos anos eles nos obcecaram com seus mistérios, e agora nós nos vingamos opondo-lhes nosso mistério, um rosto impenetrável e mudo, com olhos de pedra. E também descontamos nos adultos de casa o desprezo que nossos colegas têm por nós. Aquele desprezo parece atingir não só nossa pessoa, mas toda nossa família, nossa condição social, os móveis e bibelôs de nossa casa, as maneiras e os hábitos de nossos pais. De vez em quando explodem pela casa as cóleras de antigamente, agora às vezes despertadas por nós, por nosso rosto de pedra; somos tomados por um turbilhão de palavras violentas, as portas batem, mas não estremecemos; agora as portas batem por nós, contra nós, que continuamos imóveis à mesa, com um sorriso soberbo; mais tarde, sozinhos em nosso quarto, se esvairá de repente o sorriso soberbo e desataremos a chorar, fantasiando sobre nossa solidão e a incompreensão dos outros diante de nós; e sentiremos um estranho prazer ao derramar lágrimas escaldantes, abafando os soluços no travesseiro. Então nossa mãe aparece, se comove ao ver nossas lágrimas, se oferece a nos levar para tomar um sorvete ou assistir a um filme; com os olhos vermelhos e inchados, mas o rosto mais uma vez empedrado e impenetrável, sentamos ao lado de nossa mãe à mesa de um café e tomamos o sorvete em colheradas minúsculas: e ao redor de nós se movimenta uma multidão de gente que nos parece serena e leve, enquanto nós, nós somos o que há de mais tétrico, desajeitado e detestável na Terra.

Quem são os outros e quem somos nós? — perguntamos. Ficamos às vezes tardes inteiras sozinhos em nosso quarto, pensando: com um vago senso de vertigem, nos perguntamos se os outros existem realmente, ou se somos nós que os inventamos. Dizemo-nos que talvez, em nossa ausência, todos os outros deixem de existir, desapareçam num sopro: e miraculosamente ressurgem, escapados de repente da terra, assim que olhamos para eles. Não poderá acontecer que um dia, virando-nos subitamente, não encontraremos nada, ninguém, e avançaremos a cabeça no vazio? Então não há motivo — nos dizemos — para sentir tamanha tristeza pelo desprezo dos outros: dos outros que talvez não existam e, portanto, não pensam nada nem de nós nem de si. Enquanto estamos absortos nesses pensamentos vertiginosos, nossa mãe aparece e nos propõe sair para tomar um sorvete; e então nos sentimos inexplicavelmente felizes, despudoradamente felizes pelo sorvete que tomaremos dali a pouco: mas como pode essa felicidade em nós — nos perguntamos — pela simples expectativa de um sorvete, em nós, que somos tão adultos em nossos vertiginosos pensamentos, tão estranhamente perdidos num mundo de sombras? Aceitamos a proposta de nossa mãe, mas evitamos demonstrar que ela nos causou um grande prazer: de lábios cerrados, caminhamos com ela rumo ao café.

Sempre nos dizendo que os outros talvez não existam, que somos nós que os inventamos, continuamos inexplicavelmente sofrendo pelo desprezo dos nossos colegas de escola, pelo peso e o sem jeito de nossa figura, tão digna de desdém aos nossos próprios olhos que até dá vergonha: quando os outros falam conosco, gostaríamos de cobrir a cara com as duas mãos, a tal ponto nos parece feio e informe nosso rosto; no entanto sempre imaginamos que alguém se apaixonará por nós, que nos verá enquanto tomamos sorvete com a mãe no café, que nos seguirá escondido até nossa casa e nos escreverá uma carta de amor; esperamos essa carta e todo dia nos espantamos profundamente por ainda não a termos recebido; dela conhecemos certas frases de cor, de tantas vezes que as murmuramos dentro de nós; então, quando essa carta finalmente chegar, teremos de fato um precioso mistério fora de casa, porque agora devemos confessar a nós mesmos que nosso mistério é uma coisa à toa, é bem pouco o que se oculta por trás de nossa face de pedra, que oferecemos aos nossos pais no beijo de boa-noite; depois desse beijo, fugimos correndo para o quarto, enquanto nossos pais cochicham perguntas suspeitosas sobre nós.

De manhã vamos ao colégio depois de termos mirado nosso rosto no espelho com preocupação: nosso rosto perdeu a delicadeza aveludada da infância; então pensamos na infância com nostalgia, em quando fazíamos colinas de terra, e nossa dor surgia caso houvesse briga em casa; agora já não se briga tanto em casa, nossos irmãos maiores foram morar sozinhos, nossos pais se tornaram mais velhos e tranquilos; e da casa não nos importa mais nada; caminhamos para o colégio, sozinhos na névoa; quando éramos pequenos, a mãe nos acompanhava à escola e ia nos buscar: agora estamos sozinhos na névoa, terrivelmente responsáveis por tudo o que fazemos.

Ama teu próximo como a ti mesmo, disse Deus. Mas isso nos parece absurdo: Deus disse uma coisa absurda, impôs aos homens algo impossível de realizar. Como amar nosso próximo, que nos despreza e não se deixa amar? E como amar a nós mesmos, desprezíveis e pesados e tétricos que somos? Como amar nosso próximo, que talvez não exista e seja apenas uma multidão de sombras, enquanto Deus fez a nós, a nós somente, e nos pôs aqui, numa terra que é uma sombra, sozinhos a nos nutrir dos nossos vertiginosos pensamentos? Acreditamos em Deus quando crianças, mas agora nos dizemos que talvez não exista; ou então existe e não se interessa nem um pouco por nós, porque nos deixou nesta situação cruel: e então é como se não existisse para nós. No entanto recusamos à mesa uma iguaria de que gostamos e passamos a noite deitados no tapetinho do nosso quarto, para nos mortificarmos e punirmos de nossos pensamentos odiosos e para sermos queridos por Deus.

Mas Deus não existe, pensamos, depois de uma noite inteira passada no assoalho, com os membros todos doloridos e longos arrepios de frio e de sono. Deus não existe, porque não teria podido inventar este mundo absurdo, monstruoso, esta complicada maquinação em que um ser humano caminha só, de manhã, na neblina, entre casas altíssimas habitadas pelo próximo, pelo próximo que não nos ama e a quem é impossível amar. E do próximo também faz parte aquela raça monstruosa, inexplicável, que é de sexo diferente do nosso, dotada de uma terrível faculdade de nos fazer todo bem e todo mal, dotada de um terrível poder secreto sobre nós. Acaso poderemos agradar a essa raça diversa, nós, que somos tão desprezados por colegas de nosso próprio sexo, julgados tão tediosos e inúteis, tão ineptos e desengonçados em tudo?

Depois um dia acontece que o mais admirado, o mais estimado dentre todos os colegas da escola, o primeiro da classe de repente estreita amizade com a gente. Como isso aconteceu, não sabemos: sem que se esperasse, pousou sobre nós seu olhar azul, um dia nos acompanhou até a casa e começou a gostar de nós. À tarde, vem nos visitar para fazer as tarefas: temos entre as mãos o precioso caderno do primeiro da classe, preenchido em sua bela caligrafia aguda, em tinta azul; podemos copiar seus apontamentos, que não têm um erro sequer. Como nos coube tal felicidade? Como conquistamos esse colega tão arrogante com todos, tão difícil de abordar? Agora ele circula entre as paredes do nosso quarto, agitando ao nosso lado sua cabeleira fulva, inclinando aos conhecidos objetos do nosso quarto seu perfil agudo, salpicado de sardas rosadas: a impressão que temos é que um raro animal dos trópicos se instalou, milagrosamente domesticado, entre as paredes de nossa casa. Ele gira pelo quarto, nos pergunta sobre a origem dos objetos, nos pede algum livro emprestado: merenda com a gente, cospe com a gente os caroços das ameixas de cima do terraço. Nós, que éramos menosprezados por todos, fomos escolhidos pelo mais inalcançável, pelo mais inesperado colega. Para que não se aborreça em nossa companhia e não nos abandone para sempre, falamos com ele ansiosamente: exibimos tudo o que sabemos de palavras indecentes, de filmes, de esportes. Ao ficarmos sós, repetimos insaciavelmente as sílabas de seu belo e sonoro nome; e preparamos mil assuntos para o dia seguinte: loucos de alegria, começamos a imaginá-lo semelhante a nós em tudo; no dia seguinte, tentamos puxar com ele os assuntos que tínhamos preparado, lhe falamos tudo de nós, até nossas vertiginosas suspeitas de que não existem homens nem coisas; e ele nos olha desconcertado, ri, caçoa um pouco de nós. Então nos damos conta de que erramos, de que não se pode falar dessas coisas com ele, e retomamos as palavras indecentes e o esporte.

 Entretanto, na escola, nossa situação mudou de repente: todos começam a gostar de nós, vendo que somos altamente estimados pelo mais estimado dos colegas; agora os poemetos cômicos que escrevemos e que recitamos são acolhidos com aplausos e altos gritos; antes nossa voz não conseguia fazer-se ouvir em meio ao barulho do vozerio, agora todos se calam e se põem a escutar quando nós falamos; agora nos fazem perguntas, nos dão o braço, nos ajudam nas coisas em que somos menos hábeis, nos esportes ou nas tarefas que não sabemos fazer. O mundo já não nos parece uma monstruosa maquinação, mas uma ilhota simples e sorridente, povoada de amigos; não agradecemos a Deus por tão afortunada mudança em nossa sorte, porque agora não pensamos em Deus: achamos impossível pensar em algo além dos rostos festivos dos colegas que nos circundam, do fluir fácil e alegre das manhãs, das frases engraçadas que dissemos e que despertaram o riso; nosso próprio rosto no espelho não é mais algo de tétrico e informe, é o rosto que nossos colegas cumprimentam alegremente de manhã. Apoiados assim pela amizade dos colegas do nosso próprio sexo, nós olhamos a outra raça, as pessoas de sexo diferente do nosso, com menos horror; quase achamos que podemos facilmente dispensar essa raça diversa, sermos felizes mesmo sem sua aprovação: quase desejamos transcorrer a vida inteira em meio aos nossos colegas de escola, dizendo frases engraçadas e fazendo-os rir.

Depois, pouco a pouco, em meio à multidão desses colegas, descobrimos um que está particularmente feliz em nossa companhia, e percebemos que temos infinitas coisas a dizer-lhe. Não é o primeiro da classe, não é muito estimado pelos outros, não veste roupas vistosas; mas suas roupas são de um tecido fino e quente, semelhante ao que nossa mãe escolhe para nós; e caminhando com ele para casa nos damos conta de que seus sapatos são idênticos aos nossos, robustos e simples, nada chamativos ou leves como os dos outros colegas: rindo, o fazemos notar esse fato. Descobrimos aos poucos que na casa dele imperam os mesmos hábitos da nossa casa; e que ele toma banho muitas vezes, e que sua mãe não lhe permite ver filmes de amor, assim como a nossa nos proíbe a nós. É alguém como a gente: alguém da mesma condição social. A essa altura já estamos cheios da companhia do primeiro da classe, que continua nos visitando à tarde; já estamos cheios de repetir as mesmas palavras obscenas, e desdenhosamente submetemos o primeiro da classe aos assuntos que nos interessam, nossas dúvidas sobre a existência; com tanto desdém e à vontade, com tanta soberba, que o primeiro da classe não nos entende bem, mas sorri timidamente; vemos nos lábios do primeiro da classe um sorriso tímido e desprezível: tem medo de nos perder. Não mais encantados com seus olhos azuis, agora, ao lado do primeiro da classe, desejamos os olhos redondos e cor de avelã de outro colega; e o primeiro da classe se dá conta disso e sofre, e ficamos orgulhosos de fazê-lo sofrer: portanto também somos capazes de fazer alguém sofrer.

Com o nosso novo amigo de olhos redondos, desprezamos o primeiro da classe e os outros colegas, tão barulhentos e vulgares, com todas aquelas palavras indecentes que repetem sempre: nós agora queremos ser muito distintos, com nosso novo amigo avaliamos as pessoas e as coisas do ponto de vista da distinção e da vulgaridade. Descobrimos que é distinto continuar sendo criança o maior tempo possível; para grande alívio de nossa mãe, abandonamos tudo o que tínhamos inserido de extravagante e vistoso em nosso modo de vestir: tanto no vestir quanto nos hábitos discretos, buscamos uma simplicidade infantil. Passamos tardes extraordinárias com o novo amigo; nunca nos cansamos de falar e de ouvir. Repensamos, espantados, nossa breve amizade com o primeiro da classe, que agora não frequentamos mais; estar com o primeiro da classe era tão penoso que ao final sentíamos os músculos da face enrijecidos pelo esforço do riso falso, e uma queimação nas pálpebras, e uma coceira na pele: era penoso ter de fingir esperteza, engolir confidências, escolher continuamente entre nossas palavras aquelas poucas que podiam ser destinadas ao primeiro da classe; por outro lado, estar com o novo amigo é uma bênção, não temos nada a fingir nem a engolir, e deixamos nossas palavras fluir livremente. Confidenciamos até nossas vertiginosas suspeitas acerca da existência; e então ele nos revela espantado que também tem as mesmas suspeitas: "mas você existe?", indagamos, e ele jura que existe; e ficamos infinitamente contentes.

Lamentamo-nos com nosso amigo por sermos do mesmo sexo, porque nos casaríamos se fôssemos de sexos diferentes, a fim de podermos estar sempre juntos. Não teríamos medo um do outro, nem vergonha, nem horror; entretanto paira uma sombra sobre nossa vida, que agora poderia ser até feliz: o fato de não saber se um dia uma pessoa do sexo oposto poderá nos amar. As pessoas do outro sexo caminham ao nosso lado, nos tocam de leve passando pela rua, talvez tenham ideias ou intenções a nosso respeito que nunca poderemos saber; têm nosso destino nas mãos, nossa felicidade. Talvez entre eles haja uma pessoa que sirva para nós, que nos poderia amar e que poderíamos amar; a pessoa certa para nós: mas onde está, como reconhecê-la na multidão da cidade? Em que casa da cidade, em qual ponto da Terra vive a pessoa certa para nós, em tudo semelhante a nós, pronta a responder a todas as nossas perguntas, pronta a nos escutar infinitamente e sem tédio, a sorrir dos nossos defeitos, a conviver por toda a vida com nosso rosto? Que palavras devemos pronunciar para que nos reconheça entre tantos milhares? Como devemos nos vestir, a que lugares devemos ir para encontrá-la?

Atormentados por esses pensamentos, sofremos de uma imensa timidez na presença de pessoas do sexo oposto, com medo de que uma delas seja a pessoa certa para nós e que possamos perdê-la com uma palavra. Pensamos demoradamente em cada palavra antes de pronunciá-la, e as pronunciamos depressa, com a voz estrangulada; o medo provoca um olhar sombrio e pequenos gestos secos; percebemos isso, mas nos dizemos que a pessoa feita para nós deverá nos reconhecer, mesmo com os gestos secos e a voz sufocada; se não dá mostras de nos perceber, é porque não é a pessoa certa; a pessoa certa nos reconhecerá e nos escolherá entre milhares. Aguardamos pela pessoa certa; todo dia, ao nos levantarmos de manhã, nos dizemos que o encontro poderá ser justamente naquele dia; nos vestimos e nos penteamos com um cuidado infinito, vencendo a vontade de sair com um velho impermeável e sapatos tronchos: a pessoa certa pode estar na esquina da rua. Milhares de vezes acreditamos estar na presença da pessoa feita para nós; o coração bate tumultuosamente ao som de um nome, à curva de um nariz ou de um sorriso, só porque dentro de nós decidimos de repente que aquele é o nariz e o nome e o sorriso da pessoa feita para nós; um automóvel com rodas amarelas e uma velha senhora nos fazem enrubescer violentamente, porque achamos que são o automóvel e a mãe da pessoa feita para nós: o automóvel em que faremos nossa viagem de núpcias, a mãe que nos dará sua bênção. De repente percebemos que nos enganamos, não era aquela a pessoa certa, somos absolutamente indiferentes aos seus olhos, e não sofremos com isso porque não temos tempo de sofrer: de repente o automóvel de rodas amarelas, o nome e o sorriso desbotam e se precipitam entre as mil coisas inúteis que circundam nossa vida. Mas não temos tempo de sofrer; estamos partindo em viagem de férias e estamos absolutamente convencidos de que nas férias encontraremos a pessoa certa; nos despedimos quase sem dor do nosso amigo de olhos redondos, seguros que estamos de que o trem nos levará à pessoa certa; e o amigo, por sua vez, está certo de que lhe acontecerá a mesma coisa: quem sabe por quê, subitamente temos a certeza de que a pessoa certa se encontra em férias de verão. Os longos meses de verão passam tediosos e em solidão; escrevemos cartas intermináveis ao nosso amigo; para nos consolarmos do encontro frustrado, recolhemos cuidadosamente opiniões favoráveis sobre nós emitidas por velhos conhecidos da família ou por velhos parentes e as transcrevemos para o nosso amigo; por sua vez, ele nos escreve cartas semelhantes, com opiniões favoráveis sobre sua inteligência ou beleza, emitidas por velhos parentes. No outono, devemos confessar a nós mesmos que não aconteceu nada de extraordinário; mas não estamos desiludidos, é outono, reencontramos com animação e gosto o amigo e os outros colegas; mergulhamos contentes no outono, a pessoa certa nos espera, quem sabe, na esquina da alameda.

    Depois nos afastamos do nosso amigo, aos poucos. Começamos a achá-lo bastante chato, "burguês": sempre com a mania da distinção, da fineza. Agora queremos ser pobres: nos interessamos por um grupo de colegas pobres, todo dia vamos com orgulho à casa deles, que não tem aquecimento. Agora usamos nosso velho impermeável com orgulho: continuamos esperando encontrar a pessoa certa, mas ela deve amar o nosso velho impermeável, deve amar nossos sapatos tronchos, nossos cigarros baratos, nossas mãos vermelhas e nuas. Vestidos com nosso velho impermeável, caminhamos sozinhos, no fim da tarde, ao longo das casas da periferia: descobrimos a periferia, as tabuletas dos pequenos bares à beira-rio, paramos absortos em frente a certas lojinhas onde estão penduradas camisolas compridas e cor-de-rosa, uniformes de operário e calcinhas amarronzadas; nos encantamos diante de uma vitrine onde jazem velhos cartões e velhos grampos; gostamos de tudo o que é velho, poeirento e pobre; e saímos em busca de coisas pobres e poeirentas pela cidade. Enquanto isso chove a cântaros em nossa cabeça descoberta e no velho impermeável, que deixa a água passar; não temos guarda-chuva, e preferiríamos morrer a sair com um guarda-chuva na mão; não temos guarda-chuva nem chapéu nem luvas nem dinheiro para pegar o bonde; tudo o que temos está no bolso: um lenço sujo, cigarros amassados e fósforos de cozinha.

De repente nos dizemos que os pobres são o próximo, os pobres são o próximo a quem se deve amar. Vigiamos a passagem dos pobres à nossa volta; espreitamos a ocasião de acompanhar um mendigo cego que precisa atravessar a rua, de oferecer nosso braço a alguma velha que escorregou numa poça; acariciamos timidamente, com a ponta dos dedos, os cabelos imundos dos meninos que brincam nas vielas; voltamos para casa encharcados de chuva, com frio, triunfantes. Nós não somos pobres, não passamos a noite no banco de um jardim público, não tomamos sopa escura numa tigela de lata; não somos pobres, mas só por acaso: amanhã seremos paupérrimos.

Entretanto o amigo que deixamos de frequentar sofre por nossa causa; assim como sofrera o primeiro da classe, quando deixamos de frequentá-lo. Sabemos disso, mas não temos remorso; aliás, sentimos uma espécie de prazer surdo, porque, se alguém sofre por nossa causa, é sinal de que temos em nossas mãos o poder de fazer sofrer: nós, que por tanto tempo nos achamos tão fracos e insignificantes. Nem nos passa pela cabeça que talvez sejamos cínicos e maus, porque não temos nem a suspeita de que aquele nosso amigo também seja o próximo; nem pensamos que o próximo sejam nossos pais: o próximo são os pobres. Olhamos severamente nossos pais enquanto eles comem pratos saborosos, postos na mesa iluminada; também comemos esses pratos saborosos, mas pensamos que se trata de um acaso, e que em pouquíssimo tempo não será mais assim: daqui a pouco, não teremos senão um pouco de pão preto e uma tigela de lata.

Um dia encontramos a pessoa certa. Ficamos indiferentes, porque não a reconhecemos: passeamos com a pessoa certa pelas ruas da periferia, pouco a pouco nos habituamos a passear todo dia juntos. De vez em quando, distraídos, nos perguntamos se não estaríamos passeando com a pessoa certa: mas acreditamos que não. Estamos tranquilos demais; a terra e o céu não mudaram; os minutos e as horas escoam serenamente, sem badaladas profundas em nosso peito. Já nos enganamos tantas vezes: já achamos estar na presença da pessoa certa, e não era. E, na presença daquelas falsas pessoas certas, tombávamos arrastados num tumulto tão impetuoso que quase não nos restavam forças para pensar; subitamente estávamos vivendo como no centro de um país incendiado: árvores, casas e objetos ardiam em torno de nós. E depois, de repente, o fogo se apagava e não restava senão um pouco de cinza morna: às nossas costas os países incendiados são tantos que já nem podemos contá-los mais. Agora nada queima à nossa volta. Durante semanas e meses, sem saber, passamos os dias com a pessoa certa: só às vezes, quando ficamos sozinhos, tornamos a pensar nessa pessoa, na curva dos lábios, em certos gestos e inflexões de voz, e só de pensar sentimos um breve tremor no coração — mas não levamos em conta um tremor tão breve, tão surdo. O mais estranho é que, com essa pessoa, nos sentimos sempre muito bem e em paz, com a respiração larga e a fronte finalmente lisa, depois de tantos anos cerrada e tensa; e nunca nos cansamos de falar e de ouvir. Então nos damos conta de que nunca tivemos uma relação assim, com nenhum ser humano; depois de pouco tempo, todos os seres humanos nos pareciam tão inofensivos, tão simples e pequenos; já essa pessoa, enquanto caminha ao nosso lado com seu passo tão diferente do nosso, com o perfil severo, possui uma infinita capacidade de nos fazer todo o bem e todo o mal. No entanto estamos infinitamente tranquilos.

E deixamos nossa casa e vamos viver com essa pessoa para sempre; não porque estejamos convencidos de que é a pessoa certa; aliás, não estamos nem um pouco convencidos, continuando sempre suspeitosos de que a verdadeira pessoa certa para nós se esconde quem sabe em que lugar da cidade. Mas não temos vontade de saber onde se esconde; sentimos que agora teríamos bem pouco a dizer-lhe, porque já dizemos tudo a essa pessoa que talvez não seja a certa, mas com quem vivemos: o bem e o mal de nossa vida nós queremos recebê-los dessa pessoa e com ela. Entre nós e essa pessoa às vezes estouram violentos confrontos, que no entanto não conseguem romper aquela paz infinita que há em nós. Depois de muitos anos, só depois de muitos anos, depois que entre nós e essa pessoa se formou uma densa rede de hábitos, de lembranças e de violentos contrastes, saberemos enfim que ela era de fato a pessoa certa para nós, que não teríamos suportado outra, que somente a ela podemos pedir tudo o que é necessário ao nosso coração.

Agora, na nova casa aonde viemos viver e que é nossa, não queremos mais ser pobres, aliás, temos certo medo da pobreza; sentimos um estranho afeto pelos objetos que nos rodeiam, por uma mesa ou por um tapete, nós, que sempre derrubávamos tinta nos tapetes de nossos pais; esse novo afeto por um tapete nos preocupa um pouco, e nos sentimos um tanto envergonhados; às vezes ainda vamos passear pelas ruas da periferia, mas ao voltarmos para casa limpamos com todo o cuidado os sapatos barrentos no capacho: e sentimos um prazer novo ao nos sentarmos em casa, sob a luminária, com as persianas cerradas sobre a cidade escura. Já não temos muita vontade de amigos, porque contamos todos os pensamentos à pessoa que vive conosco, enquanto tomamos juntos a minestra servida na mesa iluminada: aos outros, temos a impressão de que não vale a pena contar mais nada.

Filhos nascem, e cresce em nós o medo da pobreza; aliás, medos infinitos crescem em nós, de qualquer perigo possível ou sofrimento que possa atingir nossos filhos em sua carne mortal. Nossa própria carne, nosso corpo, nunca os tínhamos sentido tão frágeis e mortais no passado; estávamos prontos a nos lançar nas aventuras mais imprevistas, sempre prontos a partir para os lugares mais distantes, entre leprosos e canibais; qualquer perspectiva de guerras, epidemias ou catástrofes cósmicas nos deixava de todo indiferentes. Não sabíamos que em nosso corpo havia tanto medo, tanta fragilidade: nunca suspeitamos de que pudéssemos nos sentir tão ligados à vida por um vínculo de medo, de ternura lancinante. Como era forte e livre nosso passo quando se caminhava sozinho, ao infinito, pela cidade! Olhávamos com grande comiseração as famílias, pais e mães a passeio bem devagar, com os carrinhos de bebê nas alamedas, aos domingos: isso nos parecia algo aborrecido e triste. Agora somos uma dessas tantas famílias, caminhamos devagar pelas alamedas, empurrando o carrinho; e não estamos tristes, ao contrário, estamos até quem sabe felizes, mas de uma felicidade difícil de reconhecer em meio ao pânico que sentimos de poder perdê-la a qualquer momento e para sempre: o bebê que empurramos no carrinho é tão pequeno, tão frágil, e o amor que nos liga a ele é tão dolorido, tão assustado! Temos medo de uma lufada de vento, de uma nuvem no céu: será que não vem chuva? Nós, que tínhamos apanhado tanta chuva na cabeça descoberta, com os pés nas poças! Agora temos um guarda-chuva. E até gostaríamos de ter um bengaleiro em casa, na antessala; somos tomados pelos desejos mais estranhos, que jamais poderíamos cogitar quando andávamos sós e livres pela cidade; gostaríamos de um bengaleiro e de um cabideiro, de lençóis, de toalhas, de um forno a carvão, de uma geladeira. Não exploramos mais a periferia; andamos pelas alamedas, entre palacetes e jardins; vigiamos para que não se aproximem de nossas crianças pessoas muito sujas e pobres, por medo de piolhos e de doenças; e fugimos dos mendigos.

 Amamos nossos filhos de um modo tão doloroso, tão assustado, que temos a impressão de nunca ter tido outro próximo, de nunca mais poder ter um. Ainda estamos pouco habituados à presença de nossos filhos no mundo: ainda estamos estupefatos e transtornados por seu aparecimento em nossa vida. Não temos mais amigos; ou melhor, aqueles poucos que temos, pensamos neles com ódio caso nossa criança esteja mal, quase chegamos a achar que é culpa deles, pelo simples fato de que na companhia deles nos distraímos daquela exclusiva e lancinante ternura; não temos mais vocação; tínhamos uma vocação, um ofício de que gostávamos, e agora basta que prestemos ouvidos a ele por um instante para logo nos sentirmos culpados, voltando às pressas para aquela única ternura lancinante; um dia de sol ou uma paisagem verde só significam para nós que nosso menino poderá bronzear-se ao sol ou brincar no jardim; quanto a nós, perdemos qualquer capacidade de gozo ou de contemplação. Lançamos sobre as coisas um olhar suspeitoso e perturbado; vemos se não há pregos enferrujados, baratas e perigos para nosso menino. Gostaríamos de morar em países limpos e frescos, com animais limpos e habitantes gentis: o selvagem universo que nos fascinava não nos fascina mais.

E, como nos tornamos estúpidos, certas vezes pensamos com pesar ao olharmos a cabeça do nosso menino, que nos é tão familiar, familiar como nenhuma outra coisa no mundo, observando-o enquanto está sentado fazendo uma colina de terra com suas mãos gordas. Como nos tornamos estúpidos e como são pequenos e turvos nossos pensamentos, tão pequenos que poderiam entrar numa casca de noz, e no entanto tão cansativos, tão sufocantes! Para onde foi o universo selvagem que nos fascinava, nossa força e o ritmo vivo e livre de nossa juventude, a descoberta ousada das coisas dia a dia, nosso olhar resoluto e glorioso, nosso passo triunfante? Agora onde está o próximo para nós? Onde está Deus agora? Lembramo-nos de falar com Deus apenas quando nosso menino está doente: então lhe dizemos que faça todos nossos dentes, todos os cabelos caírem, mas que cure nosso menino. Assim que o menino está curado, nos esquecemos de Deus; ainda temos dentes e cabelos e retomamos nossos pequenos pensamentos embaçados e cansativos: pregos enferrujados, baratas, gramados frescos, papinhas de farinha. Também nos tornamos supersticiosos: continuamente fazemos figa, estamos sentados trabalhando e escrevendo e de repente nos levantamos, acendemos e apagamos a lâmpada por três vezes fazendo figa, porque de repente nos dissemos que só isso poderá salvar-nos da desventura. Recusamo-nos à dor: sentimos que ela está vindo e nos escondemos atrás das poltronas, atrás das cortinas, para não sermos encontrados.

Mas então a dor chega até nós. Nós a esperávamos, mas não a reconhecemos de imediato: não a chamamos logo pelo nome. Atordoados e incrédulos, confiantes em que tudo será remediado, descemos as escadas de nossa casa e fechamos aquela porta para sempre: caminhamos interminavelmente por estradas de terra. Eles nos perseguem, e nós nos escondemos: nos conventos e nos bosques, nos silos e nos becos, nas estivas dos navios e em cantinas. Aprendemos a pedir ajuda ao primeiro que passa; não sabemos se é um amigo ou um inimigo, se vai nos socorrer ou trair: mas não temos escolha, e por um instante lhe confiamos nossa vida. Também aprendemos a prestar ajuda ao primeiro que passa. E sempre conservamos em nós a esperança de que daqui a pouco, em poucas horas ou em alguns dias, voltaremos a nossa casa com tapetes e luminárias; seremos afagados e consolados; nossos filhos se sentarão para brincar com aventais limpos e pantufas vermelhas. Dormimos com nossos filhos nas estações, nas escadarias das igrejas, nos abrigos de pobres; somos pobres, pensamos sem nenhum orgulho: pouco a pouco se esvanece em nós qualquer vestígio de orgulho infantil. Temos uma fome verdadeira e um verdadeiro frio. Não sentimos mais medo; o medo penetrou em nós, fundiu-se inteiro com nosso cansaço: é o olhar árido e esquecido que lançamos às coisas.

Só de vez em quando, do fundo de nosso cansaço, ressurge em nós a consciência das coisas, tão pungente que nos provoca lágrimas: talvez olhemos a terra pela última vez. Nunca sentimos com tanta força o amor que nos liga à poeira da estrada, aos altíssimos gritos dos pássaros, àquele ritmo descompassado de nossa respiração; mas nos sentimos mais fortes do que esse descompasso, o sentimos em nós tão abafado, tão distante, que nem parece mais nosso; nunca amamos tanto nossos filhos, seu peso em nossos braços, a carícia de seus cabelos em nosso rosto, e já não sentimos medo nem por nossos filhos: dizemos a Deus que os proteja, se quiser. Dizemos a ele que faça como quiser.

E agora somos verdadeiramente adultos: é o que pensamos numa manhã, olhando no espelho nosso rosto sulcado, escavado; olhando-o sem nenhum orgulho, sem nenhuma curiosidade, com um pouco de misericórdia. Temos de novo um espelho entre quatro paredes; quem sabe daqui a pouco tenhamos de novo um tapete, talvez uma luminária. Mas perdemos as pessoas mais queridas: então, que nos importam a essa altura os tapetes e as pantufas vermelhas? Aprendemos a separar e a guardar os objetos dos mortos; a voltar sozinhos aos lugares onde estivemos com eles; a interrogar, sentindo o silêncio ao redor. Já não temos medo da morte: olhamos a morte toda hora, a cada minuto, recordando seu grande silêncio sobre o rosto mais querido.

E agora somos verdadeiramente adultos — pensamos — e nos sentimos surpresos de que ser adulto seja isto, e não tudo aquilo que acreditávamos na juventude, não a segurança de si, nem a posse serena de todas as coisas da terra. Somos adultos porque temos nos ombros a presença muda das pessoas mortas, a quem pedimos um juízo sobre nosso comportamento atual, a quem pedimos perdão pelas ofensas passadas; gostaríamos de arrancar do nosso passado tantas palavras cruéis que dissemos, tantos gestos cruéis que fizemos, quando ainda temíamos a morte, mas não sabíamos, não tínhamos entendido como era irreparável e sem remédio, a morte: somos adultos por todas as respostas mudas, pelo perdão calado dos mortos que trazemos dentro de nós. Somos adultos por aquele breve momento que um dia nos coube viver, quando olhamos como se fosse pela última vez todas as coisas da terra e renunciamos a possuí-las e as restituímos à vontade de Deus; e de repente as coisas da terra nos pareceram em seu lugar preciso sob o céu, e assim também os seres humanos, e nós mesmos suspensos a olhar do único ponto exato que nos foi dado: seres humanos, coisas e memórias, tudo nos pareceu em seu exato lugar sob o céu. Naquele breve momento encontramos um equilíbrio para nossa vida oscilante; e nos parece que sempre poderemos reencontrar aquele momento secreto, buscar ali as palavras para o nosso ofício, nossas palavras para o próximo; olhar o próximo com olhos sempre justos e livres, não com o olhar temeroso ou arrogante de quem sempre se pergunta, em presença do próximo, se ele será seu senhor ou seu servo. Durante toda a vida só soubemos ser senhores ou servos: mas naquele nosso momento secreto, naquele momento de pleno equilíbrio, soubemos que não há verdadeiro senhorio nem verdadeira servidão sobre a terra. Assim, agora, tornando àquele nosso momento secreto, tentaremos enxergar nos outros se eles já viveram um momento idêntico, ou se ainda estão longe disso: é o que importa saber. Na vida de um ser humano, este é o momento mais alto: e é necessário que estejamos com os outros, mantendo os olhos no momento mais alto de seus destinos.

Maravilhados, percebemos que mesmo adultos não perdemos nossa antiga timidez diante do próximo: a vida não nos ajudou nem um pouco a nos liberarmos da timidez. Ainda somos tímidos. Simplesmente isso já não nos importa; parece que conquistamos o direito de sermos tímidos; somos tímidos sem timidez: ousadamente tímidos. Timidamente buscamos as palavras certas em nós. E muito nos alegramos de encontrá-las, de encontrá-las com timidez, mas quase sem esforço, nos alegramos de termos tantas palavras em nós, tantas palavras para o próximo, que nos sentimos como embriagados de felicidade, de naturalidade. A história das relações humanas nunca termina em nós; porque aos poucos acontece que elas se tornam até muito fáceis, naturais e espontâneas; tão espontâneas, tão sem esforço, que não são mais riqueza nem descoberta nem escolha: são apenas hábito e comprazimento, embriaguez de naturalidade. Acreditamos que sempre seremos capazes de voltar àquele nosso momento secreto, de sempre poder alcançar as palavras certas; mas não podemos retornar sempre àquele ponto, muitas vezes são apenas falsos retornos: acendemos nossos olhos de falsa luz, simulamos solicitude e calor ao próximo, mas na verdade estamos de novo retraídos, encolhidos e gelados no breu do nosso coração. As relações humanas devem ser redescobertas e reinventadas todos os dias. Devemos sempre nos lembrar de que toda espécie de encontro com o próximo é uma ação humana e, sendo assim, implica necessariamente mal ou bem, verdade ou mentira, caridade ou pecado.

Agora somos tão adultos que nossos filhos adolescentes já começam a nos olhar com olhos de pedra; e sofremos com isso, mesmo sabendo o que é esse olhar; mesmo recordando bem que tivemos um olhar idêntico. Sofremos, nos lamentamos e cochichamos perguntas suspeitosas, mesmo já sabendo tão bem como se desenvolve a longa cadeia das relações humanas, sua longa parábola necessária, toda a longa estrada que nos cabe percorrer para chegar a ter um pouco de misericórdia.

As pequenas virtudes

No que diz respeito à educação dos filhos, penso que se deva ensinar a eles não as pequenas virtudes, mas as grandes. Não a poupança, mas a generosidade e a indiferença ao dinheiro; não a prudência, mas a coragem e o desdém pelo perigo; não a astúcia, mas a franqueza e o amor à verdade; não a diplomacia, mas o amor ao próximo e a abnegação; não o desejo de sucesso, mas o desejo de ser e de saber.

No entanto fazemos frequentemente o contrário: apressamo-nos a ensinar o respeito pelas pequenas virtudes, fundando sobre elas todo nosso sistema educativo. Desse modo, escolhemos a via mais cômoda: porque as pequenas virtudes não apresentam nenhum perigo material, ao contrário, nos mantêm ao abrigo dos golpes da sorte. Descuidamos de ensinar as grandes virtudes, apesar de amá-las, e gostaríamos que nossos filhos as assimilassem: mas nutrimos a confiança de que elas emergirão espontaneamente de seu espírito, num dia futuro, considerando-as de natureza instintiva, ao passo que as outras, as pequenas, nos parecem fruto de reflexão e cálculo, e por isso pensamos que devam ser absolutamente ensinadas.

Na verdade a diferença é só aparente. As pequenas virtudes provêm igualmente do fundo de nosso instinto, de um instinto de defesa: mas nelas a razão fala, sentencia, disserta, como um brilhante advogado da integridade pessoal. As grandes virtudes jorram de um instinto em que a razão não fala, um instinto ao qual me seria difícil dar um nome. E o melhor de nós está nesse instinto mudo, e não em nosso instinto de defesa, que argumenta, sentencia e disserta com a voz da razão.

A educação não é outra coisa senão um certo vínculo que estabelecemos entre nós e nossos filhos, certo clima no qual florescem os sentimentos, os instintos, as ideias. Ora, creio que um clima todo inspirado no respeito às pequenas virtudes resulte insensivelmente em cinismo, ou no medo de viver. Em si mesmas, as pequenas virtudes não têm nada a ver com o cinismo ou com o medo de viver: mas todas juntas, e sem as grandes, geram uma atmosfera que leva àquelas consequências. Não que as pequenas virtudes sejam, em si mesmas, desprezíveis: mas seu valor é de ordem complementar, e não substancial; elas não podem estar sós, sem as outras, e são — quando desacompanhadas — um pobre alimento para a natureza humana. O modo de exercitar as pequenas virtudes, em medida temperada e quando for de todo indispensável, o homem pode encontrá-lo em torno de si e bebê-lo no ar: porque as pequenas virtudes são de uma ordem bastante comum e difusa entre os homens. Mas as grandes virtudes, essas não se respiram no ar: e devem ser a primeira substância da relação com nossos filhos, o primeiro fundamento da educação. Além disso, o grande também pode conter o pequeno: mas o pequeno, por lei natural, não pode jamais conter o grande.

Não ajuda em nada buscarmos recordar e imitar, nas relações com nossos filhos, os modos com que nossos pais nos educaram. A época de nossa infância e juventude não era um tempo de pequenas virtudes: era um tempo de palavras fortes e sonoras, que pouco a pouco, porém, perdiam sua substância. Agora é um tempo de palavras flébeis e frígidas, sob as quais talvez refloresça o desejo de uma reconquista. Mas é um desejo tímido e cheio de temor do ridículo. Assim nos revestimos de prudência e astúcia. Nossos pais não conheciam nem prudência nem astúcia; não conheciam o medo do ridículo; eram inconsequentes e incoerentes, mas nunca se davam conta; frequentemente se contradiziam, mas nunca admitiam ser contestados. Usavam conosco de uma autoridade que seríamos completamente incapazes de usar. Convictos de seus princípios, que supunham indestrutíveis, reinavam sobre nós com poder absoluto. Éramos ensurdecidos por palavras tonitruantes; um diálogo era impossível, porque assim que suspeitavam que haviam errado nos mandavam calar a boca; batiam o punho na mesa, fazendo a sala tremer. Recordamos aquele gesto, mas não saberíamos imitá-lo. Podemos ficar furiosos, uivar feito lobos; mas no fundo de nossos uivos de lobo há um soluço histérico, um rouco balido de cordeiro.

Portanto não temos autoridade: não temos armas. A autoridade, em nós, seria uma hipocrisia e uma ficção. Somos demasiado conscientes de nossa fraqueza, demasiado melancólicos e inseguros, demasiado conscientes de nossas inconsequências e incoerências, demasiado conscientes de nossos defeitos: olhamos dentro de nós com muita demora e vimos em nós coisas demais. E, como não temos autoridade, devemos inventar uma outra relação.

Hoje, que o diálogo se tornou possível entre pais e filhos — possível, embora sempre difícil, sempre cheio de cautelas recíprocas, de recíproca timidez e inibição —, é preciso que nós, nesse diálogo, nos revelemos tal como somos, imperfeitos, e confiantes de que eles, nossos filhos, não se pareçam conosco, que sejam mais fortes e melhores que nós.

Como estamos todos premidos, de uma maneira ou de outra, pelo problema do dinheiro, a primeira pequena virtude que nos ocorre ensinar aos nossos filhos é a poupança. Damos a eles um mealheiro, explicando como é bom guardar o dinheiro em vez de gastá-lo, de modo que, após alguns meses, haja ali um bom montinho de moedas; e como é bom resistir à vontade de gastar para, ao final, poder comprar um objeto de valor. Recordamos que, em nossa infância, ganhamos de presente um mealheiro igual; mas esquecemos que, no tempo de nossa infância, o dinheiro e o gosto de conservá-lo eram algo menos horrível e sujo que hoje: porque quanto mais o tempo passa, mais o dinheiro é sujo. Então o mealheiro é o nosso primeiro erro: instalamos em nosso sistema educativo uma pequena virtude.

Aquele pequeno cofre de barro, de aspecto inócuo, em forma de pera ou de maçã, passa a morar meses e meses no quarto de nossos filhos, que se habituam à presença dele; se habituam ao prazer de introduzir, dia a dia, o dinheiro na fenda; se habituam ao dinheiro guardado lá dentro, que ali, em segredo e no escuro, cresce como uma semente no seio da terra; se afeiçoam ao dinheiro, primeiro com inocência, como nos afeiçoamos a todas as coisas que crescem graças ao nosso zelo, plantinhas ou pequenos animais; e sempre imaginando aquele objeto caro, visto numa vitrine, que poderemos comprar — como nos disseram — com o dinheiro poupado. Quando finalmente o cofre é quebrado, e o dinheiro, gasto, os meninos se sentem sós e frustrados; não há mais dinheiro no quarto, guardado no ventre da maçã, e já não há nem mesmo a rósea maçã: em vez disso, há um objeto por muito tempo imaginado na vitrine, do qual nós louvamos a importância e o valor, mas que agora, ali no quarto, parece cinzento e sem graça, murcho após tanta espera e tanto dinheiro. Os meninos não culparão o dinheiro por essa desilusão, mas o próprio objeto: porque o dinheiro perdido conserva na memória suas promessas vãs. Os meninos pedirão um novo cofre e mais dinheiro para guardar; e dedicarão ao dinheiro pensamentos e uma atenção que deveriam estar voltados para outras coisas. Preferirão o dinheiro às coisas. Não faz mal que tenham sofrido uma desilusão; faz mal que se sintam sozinhos sem a companhia do dinheiro.

Não deveríamos ensiná-los a poupar: deveríamos habituá--los a gastar. Deveríamos dar-lhes com frequência alguns trocados, pequenas somas sem importância, e incentivá-los a gastar logo, como bem quiserem, seguindo um capricho momentâneo: os meninos comprarão alguma miudeza, que esquecerão logo, assim como se esquecerão do dinheiro gasto tão depressa e sem pensar, ao qual não chegaram a afeiçoar-se. Quando tiverem nas mãos essas miudezas, que serão logo quebradas, os meninos vão ficar um pouco decepcionados, mas rapidamente esquecerão tanto o desgosto com as miudezas quanto o dinheiro; aliás, associarão o dinheiro a algo de momentâneo e estúpido; e pensarão que o dinheiro é estúpido, como é justo pensar durante a infância.

É justo que os meninos vivam os primeiros anos de sua vida ignorando o que é o dinheiro. Às vezes isso é impossível, se formos muito pobres; e às vezes é difícil, se formos muito ricos. Contudo, quando somos muito pobres, quando o dinheiro está estritamente ligado a um fato de sobrevivência cotidiana, a uma questão de vida ou morte, ele se traduz tão imediatamente aos olhos de um menino em comida, lenha ou pão, que não tem meios de arruinar-lhe o espírito. Porém, se formos assim, assim, nem ricos nem pobres, não será difícil deixar que um menino viva sua infância sem saber bem o que é o dinheiro e sem se interessar minimamente por ele. No entanto, nem muito cedo nem muito tarde, é preciso acabar com essa ignorância; e, se tivermos dificuldades econômicas, é necessário que nossos filhos, nem muito cedo nem muito tarde, tenham conhecimento disso; assim como é justo que a certa altura eles compartilhem conosco nossas preocupações, nossos motivos de contentamento, nossos projetos e tudo o que concerne à vida familiar. E, habituando-os a considerar o dinheiro como algo que pertence igualmente a nós e a eles, e não mais a nós que a eles, ou o contrário, também podemos convidá-los a serem sóbrios, a estarem atentos ao dinheiro que gastam; e desse modo o convite à poupança deixa de ser respeito às pequenas virtudes, um convite abstrato a ter respeito por uma coisa que não merece respeito por si, como o dinheiro; mas é recordar aos meninos que o dinheiro de casa não é muito, um convite a sentirem-se adultos e responsáveis diante de uma coisa que pertence tanto a nós quanto a eles, uma coisa não particularmente bela nem amável, mas séria, porque está ligada às nossas necessidades cotidianas. Mas não muito cedo nem muito tarde: o segredo da educação está em adivinhar os tempos.

Ser sóbrio consigo mesmo e generoso com os outros: isto significa ter uma relação justa com o dinheiro, estarmos livres diante do dinheiro. E não há dúvida de que, nas famílias em que o dinheiro é ganho e prontamente gasto, em que escorre como água limpa da fonte e, praticamente, não existe como dinheiro, é menos difícil educar um jovem para esse equilíbrio, para essa liberdade. As coisas se tornam complicadas ali onde o dinheiro existe e existe pesadamente, água de chumbo, estagnada, que exala miasmas e odores. Rapidamente os jovens percebem a presença desse dinheiro na família, como uma potência oculta, de que nunca se fala em termos claros, mas à qual os pais aludem, conversando entre si, com nomes complicados e misteriosos, com uma plúmbea fixidez nos olhos, com uma ruga amarga na boca; dinheiro que não é simplesmente guardado na gaveta do escritório, mas campeia sabe-se lá onde, podendo a qualquer momento ser sugado pela terra, sumindo sem remédio para sempre, engolindo a família e a casa. Em famílias como essas, os jovens são continuamente advertidos a gastar com parcimônia, todo dia a mãe os incita à atenção e à economia, quando lhes dá o trocado para o bonde; e há no olhar da mãe aquela preocupação de chumbo, aquele profundo vinco na fronte, que sempre surge quando o assunto é dinheiro; há o obscuro terror de que todo o dinheiro se desmanche no nada, de que até os poucos trocados possam significar as primeiras migalhas de um desmoronamento súbito e mortal. Os jovens dessas famílias não raro vão à escola com roupas puídas e sapatos gastos, e precisam suspirar longamente, às vezes em vão, por uma bicicleta ou uma máquina fotográfica, objetos que alguns colegas certamente mais pobres possuem há tempos. E quando finalmente a bicicleta que desejam lhes é dada, o presente é acompanhado da severa recomendação de não estragar nem emprestar a ninguém um objeto tão luxuoso, que custou tanto dinheiro. Os apelos à economia, em casa, são perenes e insistentes: a ordem é comprar os livros da escola em sebos, e os cadernos, no Standard. Isso ocorre em parte porque os ricos muitas vezes são avaros, porque se acham pobres; mas sobretudo porque as mães das famílias ricas, mais ou menos conscientemente, têm medo das consequências do dinheiro e procuram proteger seus filhos, forjando em torno deles uma ficção de hábitos simples, acostumando-os até a pequenas privações. Mas não há pior erro que fazer um jovem viver em tal contradição; o dinheiro fala em qualquer canto, na casa, sua linguagem inconfundível; está presente nas porcelanas, na mobília, na prataria pesada, está presente nas viagens confortáveis, nas férias luxuosas, nos cumprimentos do porteiro, na cerimônia dos criados; está presente nas falas dos pais, é a ruga na testa do pai, a profunda perplexidade no olhar materno; o dinheiro está em toda parte, intocável porque talvez terrivelmente frágil, algo com que não se pode brincar, um deus fúnebre ao qual não se pode dirigir senão num sussurro; e, para honrar esse deus, para não molestar sua lutuosa imobilidade, é preciso usar o casaco do ano anterior, que ficou curto, e estudar a lição em livros desencadernados e sebosos, e divertir-se com a bicicleta do camponês.

Se, sendo ricos, quisermos ensinar a nossos filhos hábitos simples, deve ficar bem claro que todo dinheiro poupado com esses hábitos deverá ser gasto sem parcimônia com outras pessoas. Hábitos como esses só fazem sentido se não forem avareza ou temor, mas livre escolha da simplicidade em meio à riqueza. Um jovem de família rica não aprende a sobriedade porque o fazem vestir roupas velhas, ou porque o fazem comer maçãs verdes na merenda, ou porque é privado de uma bicicleta que deseja há muito tempo: essa sobriedade em meio à riqueza é pura ficção, e as ficções são sempre deseducativas. Desse modo ele aprenderá apenas a avareza e o medo do dinheiro. Privando-o de uma bicicleta desejada e que poderíamos presentear-lhe, só faríamos frustrá-lo numa coisa legítima para um garoto, só faríamos tornar sua infância menos feliz em nome de um princípio abstrato, sem justificativa na realidade. E, tacitamente, estaríamos afirmando diante dele que o dinheiro é melhor que uma bicicleta; no entanto, é preciso que ele saiba que uma bicicleta é sempre melhor que o dinheiro.

A verdadeira defesa da riqueza não é o medo da riqueza, de sua fragilidade e das viciosas consequências que pode trazer: a verdadeira defesa da riqueza é a indiferença ao dinheiro. Para ensinar a um jovem essa indiferença, não há outro meio senão lhe dar dinheiro para gastar, quando houver dinheiro: para que aprenda a se afastar dele sem sofrimento ou remorso. Podem me dizer que, assim, um jovem se habituará a ter dinheiro para gastar e já não poderá viver sem ele; se amanhã não for mais rico, como vai ser? Mas é mais fácil não ter dinheiro quando já aprendemos a gastá-lo, quando aprendemos como ele voa depressa de nossas mãos; é mais fácil prescindir do dinheiro quando já o conhecemos bem do que quando lhe tributamos reverência e medo na infância, quando pressentimos sua presença no ar sem que nos tenham permitido erguer os olhos para fixá-lo.

Assim que nossos filhos começam a ir à escola, nós imediatamente lhes prometemos, se estudarem bem, um prêmio em dinheiro. É um erro. Assim misturamos o dinheiro, que é uma coisa sem nobreza, com algo meritório e digno, como o estudo e o prazer do conhecimento. O dinheiro que damos aos nossos filhos deveria ser dado sem motivo; deveria ser dado com indiferença, para que aprendam a recebê-lo com indiferença; e deve ser dado não para que aprendam a amá-lo, mas para que aprendam a não amá-lo, a compreender seu verdadeiro caráter, sua impotência em satisfazer os desejos mais autênticos, que são os do espírito. Elevando o dinheiro à função de prêmio, de ponto de chegada, de objetivo a ser alcançado, nós lhe conferimos um lugar, uma importância, uma nobreza que não deve ter aos olhos dos nossos filhos. Afirmamos implicitamente o princípio — falso — de que o dinheiro é a coroação de um esforço e seu escopo último. Entretanto o dinheiro deveria ser concebido como a retribuição por um esforço; não sua finalidade, mas sua recompensa, isto é, seu legítimo crédito: e é evidente que os esforços escolares dos meninos não podem receber um pagamento. É um erro menor — mas é um erro — oferecer dinheiro aos filhos em troca de pequenos serviços domésticos, de pequenas tarefas. É um erro porque nós não somos empregadores dos nossos filhos; o dinheiro familiar é tanto deles quanto nosso: aqueles pequenos serviços, aquelas pequenas tarefas não deveriam ter nenhuma recompensa, mas ser uma colaboração voluntária na vida familiar. E, em geral, creio que se deva ter muita cautela ao se prometer e aplicar prêmios e punições. Porque a vida raramente terá prêmios e punições: no mais das vezes os sacrifícios não têm nenhum prêmio, e frequentemente as más ações não são punidas, mas, ao contrário, lautamente recompensadas com sucesso e dinheiro. Por isso é melhor que nossos filhos saibam desde a infância que o bem não é recompensado, nem o mal recebe castigo; todavia é preciso amar o bem e odiar o mal — e a isso não é possível dar nenhuma explicação lógica.

Costumamos dar uma importância ao rendimento escolar de nossos filhos que é totalmente infundada. E também isso não é senão respeito pela pequena virtude do sucesso. Deveria bastar-nos que não ficassem muito atrás dos outros, que não fossem reprovados nos exames; mas não nos contentamos com isso; deles queremos o sucesso, queremos que satisfaçam nosso orgulho. Se forem mal na escola, ou se simplesmente não forem tão bem quanto pretendemos, logo erigimos entre eles e nós a barreira do descontentamento permanente; adotamos diante deles o tom de voz rabugento e lamentoso de quem se queixa de uma ofensa. Aí nossos filhos, entediados, se afastam de nós. Ou então os apoiamos em seus protestos contra os professores que não os entenderam, colocando-nos ao lado deles como se fossem vítimas de uma injustiça. E todo dia corrigimos seus deveres de casa, ou melhor, nos sentamos junto deles quando fazem as tarefas, estudando com eles a lição. Na verdade, para um garoto, a escola deveria ser desde o início a primeira batalha a enfrentar sozinho, sem nossa ajuda; desde o início deveria estar claro que aquilo é seu campo de batalha, onde não lhe podemos dar mais que um socorro esporádico e irrisório. E se lá ele sofre injustiças ou é incompreendido, é preciso deixá-lo entender que não há nada de estranho nisso, porque na vida devemos esperar continuamente a incompreensão e o descaso, e ser vítimas de injustiças: a única coisa que importa é não cometermos, nós mesmos, injustiças. Compartilhamos os sucessos ou insucessos de nossos filhos porque gostamos deles, do mesmo modo e na mesma medida com que eles compartilham, no processo de se tornarem adultos, nossos sucessos ou insucessos, nossas alegrias ou preocupações. É falso que eles, diante de nós, tenham a obrigação de serem bons na escola e de dar ao estudo o melhor de si. Seu único dever perante nós, visto que os introduzimos ao estudo, é seguir adiante. Se não quiserem dar o melhor de si na escola, mas em outras coisas que os apaixonem — coleção de besouros ou o estudo da língua turca —, é uma escolha deles, e não temos nenhum direito de recriminá-los, de nos mostrarmos feridos no orgulho, frustrados em nosso desejo. Se por ora eles não dão mostras de querer gastar suas capacidades em nada, passando dias na escrivaninha mastigando uma caneta, nem neste caso temos o direito de reprová-los em demasia: quem sabe o que nos parece ócio seja na realidade fantasia e reflexão que, amanhã, talvez deem seus frutos. Se parecem desperdiçar o melhor de suas energias e de seu talento jogados num sofá, lendo romances estúpidos, ou correndo desenfreados num gramado atrás da bola, ainda assim não podemos saber se realmente se trata de desperdício de energia e de talento ou se até isso, amanhã, de alguma maneira que agora ignoramos, dará seus frutos. Porque infinitas são as possibilidades do espírito. Mas não devemos nos deixar tomar — nós, pais — pelo pânico do insucesso. Nossas repreensões devem ser como rajadas de vento ou um temporal: violentos, mas logo esquecidos; nada que possa obscurecer a natureza de nossas relações com os filhos, turvando-lhes a limpidez e a paz. Estamos aí para consolar nossos filhos, caso um fracasso os faça sofrer; estamos aí para lhes dar coragem, se um insucesso os mortificar. Também estamos aí para fazê-los baixar a crista, caso um sucesso lhes suba à cabeça. Estamos aí para reduzir a escola a seu humilde e estreito limite; nada que possa hipotecar o futuro; uma simples oferta de instrumentos, entre os quais talvez seja possível escolher um de que se orgulhar no futuro.

Na educação, o que deve estar no centro de nossos afetos é que nossos filhos nunca percam o amor à vida. Esse sentimento pode tomar formas diversas, e às vezes um jovem desinteressado, solitário e esquivo não sofre de desamor à vida ou de opressão pelo medo de viver, mas simplesmente está num estado de espera, concentrado em preparar-se para a própria vocação. E o que é a vocação de um ser humano senão a mais alta expressão de seu amor à vida? Então devemos esperar, ao lado dele, que sua vocação desperte e ganhe corpo. Sua atitude pode parecer a da toupeira ou da lagartixa que fica imóvel, fingindo-se de morta: mas na realidade fareja e escruta o rastro do inseto, sobre o qual se lançará num salto. Ao lado dele, mas em silêncio e um pouco à parte, devemos esperar o estalo de seu espírito. Não devemos pretender nada; não devemos pedir ou esperar que seja um gênio, um artista, um herói ou um santo; no entanto devemos estar preparados para tudo; nossa expectativa e paciência devem conter a possibilidade do mais alto e do mais modesto destino.

Uma vocação, a paixão ardente e exclusiva por algo que não tenha nada a ver com o dinheiro, a consciência de ser capaz de fazer uma coisa melhor que os outros, e amar essa coisa acima de tudo, é a única possibilidade de um garoto rico não ser minimamente condicionado pelo dinheiro, de ser livre diante do dinheiro: de não sentir em meio aos demais nem orgulho pela riqueza, nem vergonha por ela. Ele nem se dará conta das roupas que usa, dos costumes que o circundam, e amanhã poderá passar por qualquer privação, porque a única fome e a única sede serão, nele, sua própria paixão, que devorará tudo o que é fútil e provisório, despojando-o de todo hábito ou atitude contraído na infância, reinando sozinha em seu espírito. Uma vocação é a única saúde e riqueza verdadeiras do homem.

Que possibilidades nos são dadas de despertar e estimular em nossos filhos o nascimento e o desenvolvimento de uma vocação? Não dispomos de muitas; entretanto talvez haja algumas. O nascimento e o desenvolvimento de uma vocação demandam espaço: espaço e silêncio — o livre silêncio do espaço. A relação que intercorre entre nós e nossos filhos deve ser uma troca viva de pensamentos e sentimentos, mas também deve compreender largas zonas de silêncio; deve ser uma relação íntima, sem no entanto misturar-se violentamente com a intimidade deles; deve ser um justo equilíbrio entre silêncio e palavras. Devemos ser importantes para os nossos filhos e, contudo, não demasiado importantes; devemos fazer com que gostem de nós, mas não demais: para que não queiram se tornar idênticos a nós, imitar-nos no ofício que fazemos, buscar nossa imagem nos companheiros que escolherão para sua vida. Com eles devemos manter uma relação de amizade: contudo não devemos ser excessivamente amigos, para que eles não tenham dificuldades em fazer verdadeiros amigos, aos quais possam dizer coisas que silenciam conosco. É preciso que sua busca por amigos, sua vida amorosa, sua vida religiosa, a busca por uma vocação sejam circundadas de silêncio e sombra, que se desenvolvam apartadas de nós. Nesse caso, podem me dizer que nossa intimidade com os filhos se reduziria a pouca coisa. Mas em nossa relação com eles deve estar contido tudo isso em linhas gerais, quer a vida religiosa, quer a vida intelectual, quer a vida afetiva e o julgamento sobre os seres humanos; devemos ser para eles um simples ponto de partida, oferecer-lhes o trampolim de onde darão o salto. E devemos estar ali para qualquer socorro, caso seja necessário; eles devem saber que não nos pertencem, mas nós, sim, pertencemos a eles, sempre disponíveis, presentes no quarto ao lado, prontos a responder como pudermos a qualquer pergunta possível, a qualquer pedido.

E, se nós mesmos tivermos uma vocação, se não a traímos, se continuamos a amá-la no decurso dos anos, a servi-la com paixão, podemos manter longe do coração, no amor que sentimos por nossos filhos, o sentimento de posse. Porém, se não tivermos uma vocação, ou se a tivermos abandonado e traído por cinismo, ou medo de viver, ou um amor paterno mal compreendido, ou por uma pequena virtude que se instala em nós, então nos agarramos aos nossos filhos como um náufrago ao tronco da árvore, pretendemos vigorosamente que nos devolvam tudo o que lhes demos, que sejam absoluta e implacavelmente tais como nós os queremos, que obtenham da vida tudo o que nos faltou; terminamos pedindo a eles tudo o que somente nossa vocação nos pode dar: queremos que sejam em tudo uma obra nossa, como se, por tê-los procriado uma vez, pudéssemos continuar procriando-os pela vida inteira. Queremos que eles sejam nossa obra em tudo, como se fossem não seres humanos, mas obra do espírito. Porém, se tivermos em nós uma vocação, se não a renegamos nem traímos, então podemos deixá-los germinar tranquilamente fora de nós, circundados da sombra e do silêncio que o brotar de uma vocação e de um ser requer. Esta talvez seja a única oportunidade real que temos de ajudá-los em alguma medida na busca de uma vocação: termos nós mesmos uma vocação, conhecê-la, amá-la e servi-la com paixão, porque o amor à vida gera amor à vida.

1ª EDIÇÃO [2020] 6 reimpressões

ESTA OBRA FOI COMPOSTA EM ELECTRA PELO ESTÚDIO O.L.M./ FLAVIO PERALTA E IMPRESSA EM OFSETE PELA GRÁFICA BARTIRA SOBRE PAPEL PÓLEN BOLD DA SUZANO S.A. PARA A EDITORA SCHWARCZ EM FEVEREIRO DE 2025

FSC
www.fsc.org
MISTO
Papel | Apoiando
o manejo florestal
responsável
FSC® C105484

A marca FSC® é a garantia de que a madeira utilizada na fabricação do papel deste livro provém de florestas que foram gerenciadas de maneira ambientalmente correta, socialmente justa e economicamente viável, além de outras fontes de origem controlada.